보건 선생님의 상담 사례로 생각하는

초딩들의 사춘기

초판 1쇄 2012년 5월 5일
초판 4쇄 2014년 11월 20일

글 전은경, 이은숙, 박성은
그림 민경미
편집 이선일, 조설휘
마케팅 김영웅
디자인 박미영
펴낸이 최현희
펴낸곳 도서출판 푸른날개
주소 인천 연수구 연수2동 620-11 201호
전화 032) 811-5103 **팩스** 032) 232-0557, 032) 821-0557
출판등록 제 131-91-44275
ISBN l 978-89-6559-034-7 63180
값 11,000원

이 책은 저작권법에 의하여 한국 내에서 보호를 받는 저작물이므로 무단전재와 무단복제를 금합니다.
잘못된 책은 바꾸어 드립니다.

 작가의 글

아직 따란 풋사과들에게

친구야, 안녕?
이렇게 만나서 정말 반갑다.
우리는 보건 선생님들이야.

학교 생활하기 많이 힘들지?
피곤해도 매일 학원에 가야 하는 마음도 모두 이해한단다.
친구랑 항상 친하게 지내고 싶은데,
잘 안 될 때가 많은 것도 알고 있어.
내가 잘못한 것도 아닌데 오해를 받아서 억울할 때도 있을 거야.
그리고 공부도 잘하고 싶은데, 놀고도 싶고…,
두 가지 마음이 계속 싸우고 있는 것도 알고 있어.

게임도 적당히만 하고 싶은데 조절이 잘 안 돼서 고민하는 것도,
이상한 메일과 배너들을 엉겁결에 클릭했다가 화들짝 놀라는 것도,
또 그 장면들이 머릿속에서 사라지지 않아서 힘든 것도 알고 있단다.

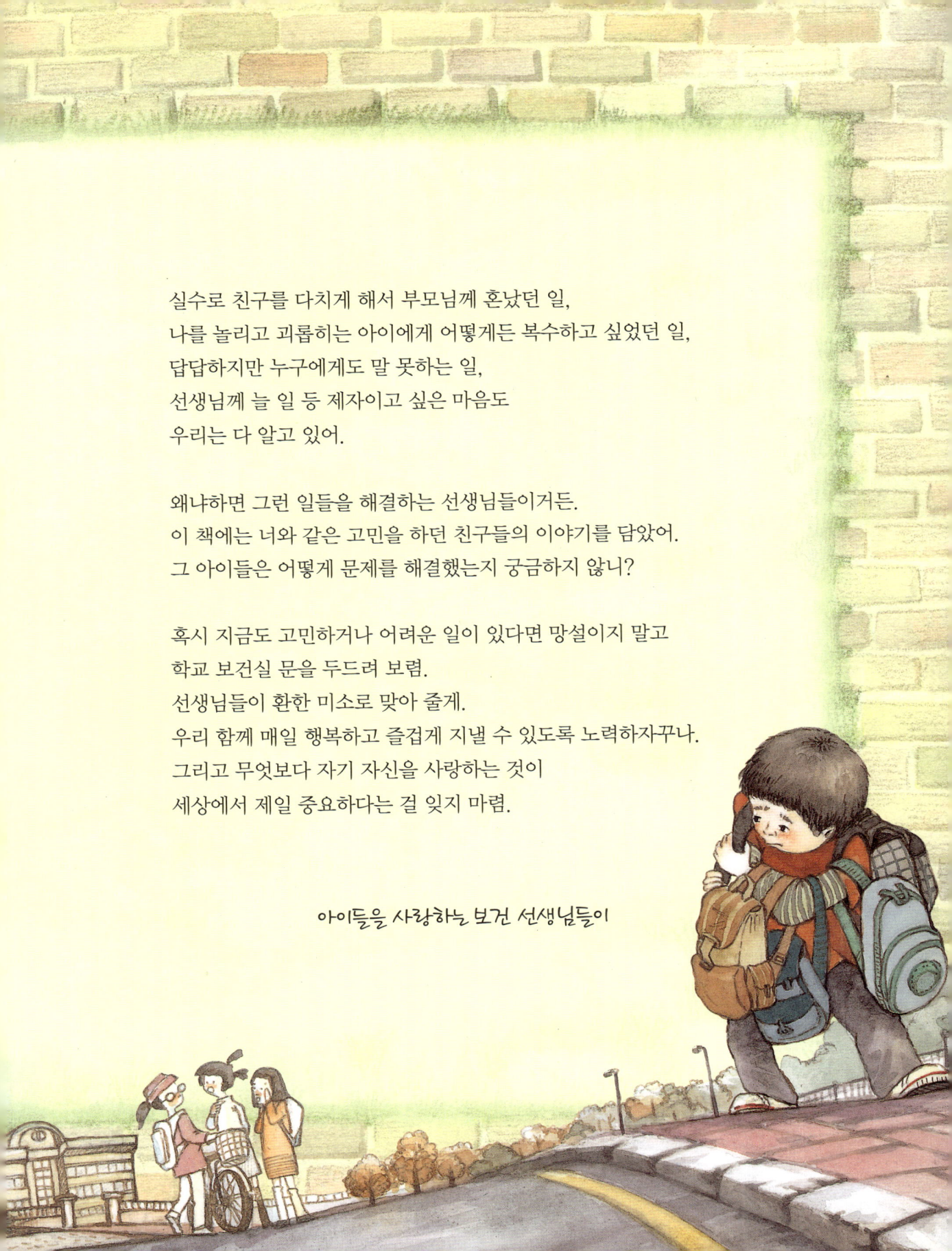

실수로 친구를 다치게 해서 부모님께 혼났던 일,
나를 놀리고 괴롭히는 아이에게 어떻게든 복수하고 싶었던 일,
답답하지만 누구에게도 말 못하는 일,
선생님께 늘 일 등 제자이고 싶은 마음도
우리는 다 알고 있어.

왜냐하면 그런 일들을 해결하는 선생님들이거든.
이 책에는 너와 같은 고민을 하던 친구들의 이야기를 담았어.
그 아이들은 어떻게 문제를 해결했는지 궁금하지 않니?

혹시 지금도 고민하거나 어려운 일이 있다면 망설이지 말고
학교 보건실 문을 두드려 보렴.
선생님들이 환한 미소로 맞아 줄게.
우리 함께 매일 행복하고 즐겁게 지낼 수 있도록 노력하자꾸나.
그리고 무엇보다 자기 자신을 사랑하는 것이
세상에서 제일 중요하다는 걸 잊지 마렴.

아이들을 사랑하는 보건 선생님들이

차례

1부 나만 다른가요?

★ 뱃살 공주와 풋사과 (성교육) ·················· 10
　내 머릿속의 물음표 : 사춘기가 되면 내 몸은 어떻게 달라지나요?

★ 화장실 낙서 (이성 문제) ·················· 18
　내 머릿속의 물음표 : 보기 좋은 닭살 커플도 있나요?

★ 바바리 맨 아저씨, 홍당무 되다 (성폭력) ·········· 26
　내 머릿속의 물음표 : 성폭력을 당하지 않으려면 어떻게 해야 하나요?

★ 새싹들이 자란다 (2차 성징) ·················· 34
　사과가 익어가는 상담소 : 털은 왜 나는 걸까요?

2부 나, 많이 아파요!

★ 부러진 앞니 (안전사고) ·················· 44
　내 머릿속의 물음표 : 그냥 조금 장난친 거는 괜찮지 않나요?
　아는 것이 힘! 지식 플러스 : 사고가 나면 어떻게 해야 할까?

★ 개똥이네 놀이터 (싸움) ·················· 52
　사과가 익어가는 상담소 : 꼬리에 꼬리를 무는 학교 폭력

★ 꼬붕 정호 (학교 폭력) ·················· 60
　체크! 체크! 셀프 확인! : 나도 친구를 괴롭혔다고?

3부 스트레스 때문에 힘들어요!

★ 땜빵 박사 (스트레스) ·· 70
    내 머릿속의 물음표 : 공부를 즐겁게 하는 방법도 있나요?

★ 내 머릿속의 컴퓨터 (컴퓨터 중독) ······················ 78
    체크! 체크! 셀프 확인! : 혹시 나도 컴퓨터 중독?
    아는 것이 힘! 지식 플러스 : 게임(인터넷) 중독에서 탈출하기

★ 왕따 공주 (따돌림) ·· 86
    체크! 체크! 셀프 확인! : 나는 왕따일까, 아닐까?

4부 나에겐 꿈이 있어요!

★ 내가 일 등! (학업과 진로) ·································· 96
    사과가 익어가는 상담소 : 축구도 잡고, 공부도 잡고!
    닮고 싶은 멘토 이야기 : 꼴찌도 성공할 수 있어

★ '사' 자 이름표 (부모님과의 갈등) ······················ 104
    내 머릿속의 물음표 : 엄마, 나에게는 내 꿈이 있어요!

★ 부서진 바이올린 (가정 형편) ···························· 112
    내 머릿속의 물음표 : 내 꿈을 이루기에는 우리 집이 너무 가난해요
    닮고 싶은 멘토 이야기 : 꿈은 반드시 이루어져!

1부 나만 다른가요?

몸도 마음도 확 달라지는 사춘기.
어른도 아니고, 어린이도 아닌 중간 단계.
그런 만큼 고민과 갈등도 커질 수밖에 없어.
엄마보다는 또래 친구가 더 좋아지고,
엄마 말에 짜증을 내고 반항하고,
이마의 여드름이 신경 쓰여 거울을 보게 되는 때.
공부도, 운동도, 놀기도 잘하는 멋쟁이가 되고 싶지만,
내 뜻대로 안 될 때가 왜 이렇게 많고,
힘든 일은 왜 이렇게 많이 생기는지…….
그럴 땐 우리 학교 해결사를 불러 봐!
"도와줘요, 뱃살 공주!"

뱃살 공주와 풋사과

체육 시간. 까불이 상호는 앞에 서 있는 전봇대 유나에게 분노의 똥침을 날렸다. 아까 교실에서 머리통을 맞은 복수였다. 그 순간 유나의 분노가 폭발했다.
"백상어, 너 이리 오지 못해?"
유나가 고래고래 소리를 지르며 냉큼 달아나는 상호 뒤를 쫓았다.

운동장을 무대로 한판의 추격전이 펼쳐졌다. 싸움 구경에 신이 난 아이들은 남자, 여자로 패가 갈려 응원을 했다. 무섭게 쫓아오는 유나를 피해 상호는 발바닥에 불이 날 정도로 뛰다가 그만 넘어지고 말았다. 상호 궁둥짝에 유나의 매서운 발길질이 꽂혔다.

그때, 체육복으로 갈아입고 나온 담임 선생님에게 딱 걸렸다.

"둘 다 이리 와서 손들고 서 있어!"

아이들이 뜀틀을 넘는 동안 상호와 유나는 벌을 받았다. 그동안 두 아이 사이에는 신경전이 계속됐다.

"전봇대, 네가 날 때리지만 않았어도 벌은 받지 않았잖아?"

"이 조그만 게! 어린애처럼 똥침이나 놓으면서! 그거 성희롱이란 거 몰라?"

상호는 '성희롱'이란 말에 기분이 팍 상했다.

'유치원 때부터 소꿉친구로 지내 왔는데, 내가 장난 좀 친 걸 갖고 이러다니……. 흥, 너무 심한 거 아냐?'

상호는 갑작스런 유나의 변화에 기가 막혔다. 그러고 보니 유나는 키가 상호보다 몇 뼘 더 크면서 부쩍 신경질이 늘어난 것 같다.

지난번만 해도 그랬다. 상호가 친구들과 장난치다가 실수로 유나의 가슴을 살짝 스쳤을 뿐인데, 유나는 새된 비명을 지르며 달려들었다. 유나의 반응이 영 수상했다.

"야, 깡패! 너 옛날에는 안 그랬잖아. 그땐 같이 잘 놀았는데, 요새는 도대체 왜 그러냐?"

상호의 말에 유나는 "흥!" 하며 콧방귀를 뀌었다.

그때, 담임 선생님이 둘을 불러 뜀틀을 넘으라고 했다. 상호가 먼저 넘고, 유나가 뜀틀을 넘을 때였다. 유나의 체육복 엉덩이가 빨갛게 물들어 있었다. 아이들이 수군댔고, 담임 선생님은 유나를 불러 보건실로 보냈다.

왠지 분위기가 묘했다. 체육 시간이 다 끝난 뒤에야 교실로 돌아온 유나는 오자마자 책상에 엎드렸다. 그런데 담임 선생님 대신 보건 선생님이 케이크를 들고 들어왔다. 보건 선생님은 통통한데다 매일 공주 같은 옷을 입고 다녀서 아이들이 뱃살 공주라고 불렀다. 오늘

도 흰 가운 밑으로 뱃살 공주의 노란 드레스 자락이 펄럭였다.

"담임 선생님 부탁으로 이번 시간은 성교육을 하기로 했단다."

경우가 손을 번쩍 들고는 질문했다.

"선생님, 여자애들은 왜 피를 흘려요?"

유나 얼굴이 새빨개졌고, 남자애들이 킥킥거리는 소리가 들렸다. 밉살스런 질문에 상호는 경우를 한 대 쥐어박고 싶었다.

"사춘기가 되면 우리 몸은 어른이 될 준비를 하는데, 그중의 하나가 월경이란다. 사춘기에 처음 초경을 시작한 여자는 한 달에 한 번 월경을 하는데, 바로 엄마가 되는 준비를 하는 거야.

여자의 난자가 남자의 정자를 만나면 아기를 갖게 되고, 그렇지 않으면 준비됐던 게 몸 밖으로 나오거든. 그게 바로 월경이야. 생리라고도 부르지."

뱃살 공주의 설명에 아이들이 고개를 끄덕였다. 경우도 머쓱한지 뒷머리를 긁적였다.

"외국에서는 초경을 시작하는 여자아이들에게 축하 파티를 열어 준 단다. 엄마가 될 준비가 됐고, 어른이 되는 첫 신호라고 생각해 서야. 그래서 선생님도 오늘 유나의 초경을 축하해 주려고 특별한 선물을 준비했어."

뱃살 공주는 커다란 케이크에 촛불을 붙이더니 유나에게 촛불을 끄라고 했다. 유나는 민망한 듯 고개를 도리질했지만, 아이들의 성화에 못 이겨 앞으로 나와 촛불을 껐다. 아이들이 박수를 쳤다. 뱃살 공주는 예쁘게 포장된 선물을 유나에게 건넸다. 시무룩했던 유나 얼굴이 밝아졌다.

"너희 모두 몸과 마음의 변화가 시작되는 사춘기란다. 어른이 되어 가는 과정이라 몸이 자라면서 마음도 아픈 걸 경험하게 될 거야. 그런 의미에서 난 너희가 풋사과 같다는 생각을 하곤 해. 어른이 될 씨앗을 몸에 품고 있지만, 아직은 덜 성숙하거든. 어쨌거나 백설 공주는 독 사과를 먹고 잠이 들지만, 난 풋사과들과 공부하니 내가 더 행복한 거 맞지?"

아이들 얼굴이 발그레해졌다.

'우리가 풋사과라니! 그런데 듣고 보니 그런 것도 같네. 뱃살 공주보다 백설 공주가 훨씬 예쁘지만 뭐, 솔직한 뱃살 공주도 나름 괜찮은 것 같아.'

"마침 오늘은 사춘기 몸의 변화를 너희와 공부하려고 했단다. 남자, 여자 모두 사춘기에는 몸이 변하거든. 어떻게 변하는지 같이 한번 살펴볼까?"

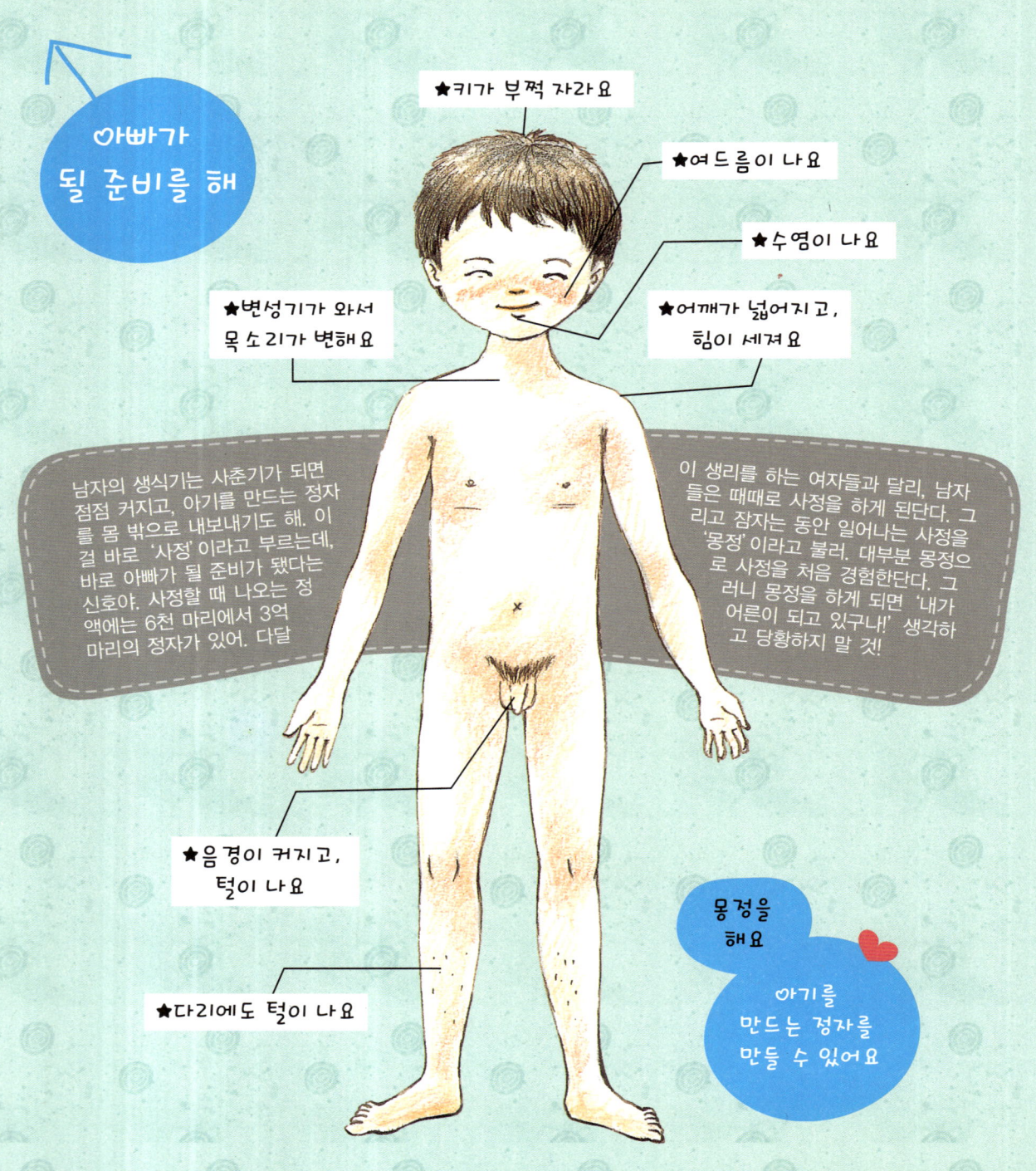

내 머릿속의 물음표 ❓ 도와줘요 뱃살 공주!

★ 몸무게가 늘어요

★ 키가 부쩍 자라요

★ 여드름이 나요

엄마가 될 준비를 해

★ 가슴이 발달해요

★ 피하지방이 많아져요

사춘기가 된 여자아이들이 처음 하는 생리를 '초경'이라고 불러. 보통 12~14살쯤 초경을 시작하지만, 사람에 따라 조금씩 달라. 그런데 생리는 왜 하는 걸까? 여자 몸에는 아기집(자궁)이 있어. 이 아기집에서 난자가 만들어지는 동안, 아기집 안에는 혈액 등이 모여 아기 요람을 만들어. 그런데 아기가 생기지 않으면 만들어진 아기 요람은 쓸모가 없어지게 되고, 몸 밖으로 나오게 된단다. 이게 바로 '생리'란다. 난자는 한 달에 한 번 만들어지니까, 여자들은 한 달에 한 번 생리를 하는 거야.

★ 엉덩이가 커져요

생리를 해요.

아기를 낳을 수 있도록, 생식기가 발달해요.

★ 겨드랑이와 음부에 털이 나요

화장실 낙서

"알나리깔나리! 알나리깔나리!"

지현이와 정우가 교실로 들어서자 남자아이들 서너 명이 이렇게 놀려댔다. 지현이 얼굴이 수박 속보다 더 붉어졌다. 두 사람은 우리 반 대표 닭살 커플. 1학년 때부터 지금까지 쭉 사귀어 온 커플이었다.

"지현이랑 정우랑 뽀뽀했대요!"

"뽀뽀해! 뽀뽀해!"

아이들은 둘을 둘러싸고 손뼉 치며 놀려댔다.

"다들 그만해!"

화가 난 지현이가 울먹이며 소리쳤다. 하지만 아이들은 꿈쩍도 안 하고 계속 놀렸다. 기어이 지현이가 울음을 터뜨리자, 머리끝까지 화가 난 정우는 아이들에게 주먹을 마구 휘둘렀다.

"아이쿠, 정우 화났다! 와, 화나니까 제법 무서운데?"

아이들은 소리치며 도망갔고, 책상에 엎드린 지현이는 계속 울먹였다. 정우는 지현이를 달래려고 애썼지만, 지현이는 쉽사리 마음을 풀지 않았다.

간신히 울음을 그친 지현이는 단짝 영은이에게 이상한 소문을 들었다. 화장실에 둘이 주인공인 낙서가 있다는 것이었다. 그걸 본 영은이가 지현이에게 몰래 귀띔해 주려고 했는데, 날쌘 아이들이 먼저 선수를 친 거였다.

지현이는 혼자 가 볼 용기가 안 나서 영은이와 함께 화장실에 갔다. 이럴 수가! 화장실 벽에는 온통 이렇게 쓰여 있었다.

'3학년 2반 김지현♡한정우'

'지현이랑 정우랑 뽀뽀했대요!'

'뽀뽀뿐인 줄 알아? 응응 거시기도 했대!

'저질 닭살 커플'

거기에 괴상망측한 그림들까지 가득했다. 지현이는 다시 울음을 터뜨렸다.

교실로 돌아온 뒤에도 지현이는 수업 시간 내내 엎드려 울었다. 사정을 모두 전해들은 담임 선생님은 아이들

에게 누가 그랬는지 물었다. 하지만 아이들 모두 누가 한 건지 모르겠다는 말뿐이었다.

범인을 잡지 못한 선생님은 지현이와 정우에게 화장실 낙서를 지우라고 시켰다. 아이들에게 놀림을 당한 데다 화장실 청소까지 하게 되자 둘은 억울한 마음이 들었다.

그날, 닭살 커플은 뱃살 공주를 찾아갔다. 왠지 하소연도 하고 싶었고, 뭔가 좋은 말을 들을 수 있을 것 같았기 때문이었다.

두 사람의 이야기를 들은 뱃살 공주는 어린 커플에게 무슨 말을 해 줄까 고민했다.

"선생님, 저희는 너무 억울해요. 애들에게 놀림도 당하고, 화장실 청소까지 하고……. 도대체 누가 그런

걸까요? 선생님은 학교 일을 다 알고 계시니까, 혹시 범인을 알고 계시면 저희한테 얘기해 주세요!"

정우가 당돌하게 말했다. 뱃살 공주는 살짝 당황했다.

"그래, 그래. 정우 말대로 너희가 정말 억울한 일을 당했구나. 그런데 말이야, 선생님은 그 얘기를 듣고 도대체 누가 왜 그랬을까 하고 생각해 봤단다."

활활 불타는 네 개의 눈동자가 뱃살 공주에게 쏠렸다.

"너희는 다들 인정하는 닭살 커플이잖니? 아마도 그것 때문에 이런 일이 벌어진 것 같아."

"왜요? 우리가 커플인 게 잘못인가요? 사랑하면 누구나 사귈 수 있는 거잖아요?"

또 정우였다. 유치원 때부터 지현이를 짝사랑하다가 초등학교에 들어와서야 커플이 된 정우는 지금 같은 상황이 영 못마땅하고 이해가 되지 않는 모양이었다.

"그런데 너희가 다른 친구들을 전혀 생각 안 한 건 아닐까? 수업 시간에도 손잡고 공부하고, 커플링을 끼고, 다른 친구들은 신경 안 쓰지는 않았니? 선생님은 너희를 질투하거나 못마땅하게 생각하는 친구들이 있을 것 같다는 생각이 들었단다."

지현이 얼굴이 빨개졌다. 하지만 정우는 탐탁지 않은 눈치였다.
"너희 사랑을 존중 받으려면 다른 친구들이 너희를 어떻게 바라볼까 생각하며 행동을 조심해야 해. 사랑하는 모습은 아름답지만, 자칫 지나치면 눈살 찌푸리게 할 수도 있거든. 너희가 조금만 더 다른 친구들을 생각하고 배려하면 어떨까? 그러면 더 예쁠 거 같은데?"
뱃살 공주의 말에 지현이가 알았다는 듯 고개를 끄덕였다. 지현이는 뭔가 또 대꾸하려는 정우의 손을 꼭 잡았다.

 보기 좋은 닭살 커플도 있나요?

당당하게 사귀는 사이를 공개하고, 학교에서 조별 수업을 듣거나 이동할 때도 찰싹 붙어 다니는 닭살 커플들. 이런 친구들을 보면 커플이 아닌 친구들은 부럽기도 하지만, 한편으로는 눈꼴이 시리기도 하지? 솔직하게 자기감정을 표현하고 서로 좋아하는 것은 괜찮지만, 간혹 남의 눈살을 찌푸리게 하는 일도 종종 벌어지기 때문이지. 둘이서만 좋으면 그만이라고 생각하면 안 돼! 다른 친구들이나 선생님, 부모님에게도 보기 좋은 커플이 되어야 한단다. 그러면 어떤 점을 조심해야 보기 좋은 커플이 될 수 있을까?

1.
부모님 몰래 만나지 말고, 부모님에게도 꼭 남자 친구, 여자 친구를 소개하고 떳떳하게 만나는 게 좋아.

2.
좋아하는 감정이 생기면, 손도 잡고 싶고 뽀뽀도 하고 싶은 마음이 생겨. 하지만 아직 나이가 어린 만큼 지나친 행동은 하지 않는 것이 좋아. 특히 지나친 스킨십은 상대방이 싫어할 수도 있고, 다른 사람들이 보기에도 좋지 않아.

내 머릿속의 물음표 도와줘요 뱃살 공주!

3.

이성 친구가 있다고 해서 동성 친구에게 소홀하면 안 돼. 친구들끼리 두루 친하게 지내야 해.

4.

공부나 다른 활동도 열심히 해야 해. 그렇지 않으면 스스로에게 부끄러울 뿐 아니라 부모님이나 선생님에게 걱정을 끼칠 수 있거든.

5.

서로 예절을 잘 지키고, 존중하는 것이 중요해. 말이나 행동도 상대방을 생각하고 배려해야 해.

6.

혹시 사귀다가 헤어지게 되더라도 매너 있는 모습으로 잘 정리를 해야 돼. 싸우거나 상대방의 흉을 보는 건 정말 나쁜 모습이야.

바바리 맨 아저씨, 홍당무 되다

학교 가는 길. 늦잠을 잔 탓에 지각을 코앞에 둔 지혜는 필사적으로 앞만 보고 달렸다. 그러다가 쿵. 다른 사람과 부딪힌 지혜가 고개를 들어 죄송하다고 사과를 하려는 찰나였다.

깜짝 놀란 지혜는 말문이 막혀 입만 떡 벌렸다. 바로 그 아저씨였다. 바바리 맨. 못 볼꼴을 본 지혜는 소리도 못 질렀다. 순간 토할 것 같았다. 놀란 토끼처럼 달아나는 지혜의 뒤로 아저씨의 웃음소리가 뒤따라왔다.

"봤어, 봤어?"

교실에 들어선 지혜는 단짝 희아에게 물었다.

"누구?"

"바바리 맨 말이야. 악, 징그러워!"

"너도 봤어? 정말 이상한 아저씨야. 왜 날마다 학교 앞에서 그러냐고? 정말 싫어!"

그러고 보니 둘만이 아니었다. 그 아저씨를 본 아이들이 나서서 한마디씩 하는 바람에 교실이 온통 떠들썩했다.

며칠 전부터 학교 앞에 바바리 맨이 나타났다는 소문이 파다했다. 그런데 오늘은 바바리 맨이 아이들이 많이 지나다니는 골목에 떡하니 나타난 거였다. 그걸 보고 놀란 아이들은 두근대는 가슴을 쉽사리 진정시키지 못했다.

"그런데 그 아저씨 정말 정신병자인가 봐."

"왜?"

"애들이 놀라서 소리 지르니까 더 좋아하는 거 있지."

"그래, 나도 봤어. 바보같이 헤벌쭉 웃고 있더라니까."

아이들은 이젠 분한 모양이었다. 변태 같은 아저씨에게 황당한 일을 당한다고 생각하니 불쾌하고 마구 화가 났다.

그때, 뱃살 공주가 들어왔다. 마침 보건 시간이었다.

"선생님! 바바리 맨이 나타났어요! 이럴 땐 어떡해요?"

뱃살 공주가 이마에 주름을 잡았다.

"선생님도 바바리 맨이 나타났다는 얘기를 지금 막 들었어. 그래서 나도 학교 주변을 살펴보겠지만, 너희도 바바리 맨과 맞닥뜨렸을 때 잘 대처해야 한단다. 자, 이걸 보렴."

뱃살 공주가 리모컨을 조작하자 곧 화면이 나왔다. '바바리 맨 퇴치법' 이라는 제목의 교육 자료였다.

"혼자 길을 가고 있는데, 바바리 맨이 나타나면 어떻게 해야 할까?"

아이들은 난감한 표정이었다.

바바리 맨 퇴치법

"소리를 질러요!"

한 아이의 대답에 뱃살 공주가 고개를 가로저었다.

"바바리 맨은 바로 그런 반응을 노린 거란다. 그럴 땐 무조건 무시해야 해. 물론 무섭고 징그럽겠지만 말이야."

뱃살 공주의 말에 아이들 반응은 떨떠름했다. '과연 그 정도로 될까?' 란 생각이 드는 모양이었다.

뱃살 공주는 여러 가지 상황에 대처하는 법을 알려 줬다. 만약 바바리 맨이 부르면 우선 본체만체하고 지나간다. 그러고 나서 학교 선생님이나 경찰에게 신고를 해야 한다고 했다. 바바리 맨이 "길 좀 가르쳐 주겠니? 어딘지 네가 알려 줄래?"라고 물어도 쳐다보지 말고 못 들은 척하거나 부모님이 근처에 있는 것처럼 행동하라고 말했다.

요점은 못 본 척, 못 들은 척하거나 무시하라는 얘기였다. 아이들은 바바리 맨 아저씨가 무섭기도 했지만, 좀 더 강력한 대처 방안이 없다는 게 좀 분했다.

다음 날, 지혜는 재수 없게도 바바리 맨을 또 만나고 말았다.

"얘야, 나 좀 볼래?"

어라? 어제 뱃살 공주가 말했던 시나리오랑 똑같았다. 지혜는 못 들은 체하고 그 곁을 지나갔다.

"얘야, 나 좀 봐. 아저씨 좀 봐 봐. 귀여운 학생, 나 좀 봐!"

바바리 맨 아저씨가 다급하게 부르는 소리가 들렸다. 지혜는 겁이 나서 떨렸지만, 못 들은 척 앞만 보고 걸었다.

잠시 뒤 뒤에서 한숨 쉬는 소리가 나더니, 포기하고 돌아가는 발걸음 소리가 들렸다. 지혜는 다리가 풀려 후들거렸다. 많이 긴장했었나 보다. 뱃살 공주가 한 말이 그대로 맞아떨어졌다.

지혜는 교실로 들어가 친구들에게 방금 바바리 맨을 물리친 이야기를 늘어놓았다. 그리고 담임 선생님에게도 바바리 맨이 또 나타난 것을 알렸다.

"내일은 내가 너희를 지키는 슈퍼맨으로 나서마. 그러니까 겁내지 마라, 얘들아."

담임 선생님이 내일 등교 시간에는 경찰과 함께 출동할 거라는 말에 아이들이 환호성을 질렀다.

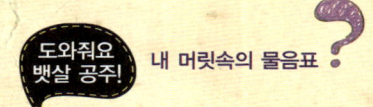

성폭력을 당하지 않으려면 어떻게 해야 하나요?

성폭력은 생각보다 가까운 곳에서 일어나. 그러니까 항상 조심하는 게 좋아. 특히 학교 주변, 집이나 학원 근처에 위험한 장소가 있는지 생각해 보고, 그런 곳이 있다면 어른에게 미리 말하고 되도록 위험한 곳에는 혼자 가지 않도록 해야 해.

또한 낯선 사람이 아니라 잘 알고 지내는 사람이라도 내 몸을 만질 때 기분이 나쁘거나 불쾌하다면 "싫어요, 하지 마세요." 하고 분명히 말해야 해. 그리고 나서 부모님이나 선생님에게 있었던 일을 그대로 말하는 것이 중요해.

- 사람이 별로 다니지 않는 골목길이나 지하도
- 옥상에 올라가는 계단
- 늦은 시간 학교나 비어 있는 건물
- 평소에 문이 잠겨 있는 교실이나 화장실

아는 것이 힘! **지식 플러스**

이런 것도 성폭력 범죄야!

다들 알고 있겠지만, 신체적 접촉만 성폭력인 것은 아니야. 바바리 맨처럼 자기 몸을 보여 주거나 야한 말을 하는 것도 성폭력이란다.

지금은 인터넷, 스마트폰의 발달로 예전에는 없었던 범죄도 많이 늘어나고 있어.

남의 모습을 몰래 촬영한다든지, 야한 동영상이나 사진을 이메일 또는 휴대폰으로 보내거나, 채팅으로 성적인 말과 행동을 보여 주는 것도 성폭력 범죄니까 해서도, 당해서도 안 돼.

 해바라기 아동 센터는 성폭력 피해를 입은 친구들을 도와주는 곳이에요. 전국에 센터가 있고, 전화 상담 또는 응급 신고나 접수는 24시간 언제나 할 수 있어요. 홈페이지를 통해서 온라인 신고도 할 수 있어요.

• 서울	02) 3274-1375	www.child1375.or.kr
• 경기	031) 708-1375	www.sunflower1375.or.kr
• 인천	032) 423-1375	www.sunflowericn.or.kr
• 강원	033) 252-1375	www.childsaver.or.kr
• 충청	043) 857-1375	www.1375.or.kr
• 전북	063) 246-1375	www.jbsunflower.or.kr
• 광주, 전남	062) 232-1375	www.forchild.or.kr
• 대구, 경북	053) 421-1375	www.csart.or.kr
• 경남	055) 754-1375	www.savechild.or.kr
• 부산	051) 244-1375	www.child4u.or.kr

새싹들이 자란다

으하암. 하품을 하며 화장실에 가서 소변을 보던 장군이는 아무 생각 없이 아래를 내려다보다가 흠칫 놀랐다. 고추 옆에 뭔가 묻어 있는 것 같았다.

'어어, 이게 뭐지? 사인펜이 묻었나?'

장군이는 자국을 손으로 문질렀다. 어, 그런데 지워지지 않고 그대로였다. 그러고 보니 군데군데 뭔가 난 것 같았다.

"으악, 털이닷!"

속으로만 말한다는 게 그만 입 밖으로 튀어나왔다.

"뭐야, 무슨 일 있어? 장군아, 왜 그래?"

엄마가 화장실 문을 두드리며 물었다.

"아, 아냐! 아무것도 아니야."

장군이는 눈을 크게 뜨고 뚫어져라 다시 한 번 살펴보았다. 털이 맞았다. 이제 새로 난 녀석들이라 그런지 마치 점처럼 보였다.

그리고 보니 저번에 아빠랑 동생 장수랑 같이 목욕탕에 갔을 때가 생각났다. 동생 장수가 옷을 벗은 아빠를 보며 이렇게 말했다.

"아빠 코끼리 코엔 왜 수염이 달렸어?"

그 말을 들은 아빠는 얼굴을 붉히지도 않고 이렇게 대답했다.

"이런, 녀석! 어른이 되면 다 이렇게 수염을 다는 거야. 이게 바로 어른이라는 표시야. 봐라, 아빠는 여기에도 수염이 났지?"

아빠는 그렇게 말하면서 털북숭이 다리를 장수에게 내밀었다. 장수는 알겠다는 듯 고개를 끄덕이더니 이렇게 말했다.

"맞아, 아빠 여기에도 수염이 달렸지? 그러면 아빠는 할아버지구나,

수염 난 할아버지!"

장수는 아빠 겨드랑이에 난 털을 가리키면서 손뼉을 치며 웃었다. 아빠도 껄껄 웃더니 장수를 번쩍 들어 목말을 태웠다. 장군이는 벌거벗은 아빠가 장수를 목말 태운 모습이 창피해서 슬금슬금 피했다.

'그래, 맞아! 이제 난 어른이 된 거야.'

장군이는 왠지 으쓱한 기분이 들었다. 하지만 아직 점처럼 보이는 털은 좀 창피하기도 했다.

장군이는 학교 가는 길에 친구인 준서를 만났다. 준서도 털이 났는지 궁금했다.

"야, 너 혹시 거기에 털 났냐?"

"뭐? 어디?"

"거기 말이야. 그…, 고, 고추 옆."

"어디? 크게 말해."

"고추 옆!"

장군이가 빽 소리를 질렀다. 지나가던 애들이 그 소리를 듣고 킬킬거리는 게 보였다. 장군이 얼굴이 빨개졌다. 준서가 씨익 웃었다.

"짜아~식. 넌 이제 났냐? 이 형님은 버얼~써 났지. 그뿐이냐? 여기 봐 봐."

준서가 갑자기 걸음을 멈추고 바지를 들췄다. 종아리가 군데군데 점박이였다.

"이런 게 다 내가 너보다 형님이라는 걸 보여주는 거지. 안 그러냐? 짜식, 오늘부터 나한테 형님이라고 불러라. 알겠냐?"

"까불래? 고까짓 거 가지고 무슨 형님은!"

"그러면 너 털 난 거 애들한테 다 말할 거야! 애들아~!"

준서가 정말 동네방네 떠들고 다닐 것 같았다. 준서 입을 막으려고 장군이가 아등바등 뛰어올랐다. 그러다 그만 장군이 머리통이 준서 입에 부딪쳤다.

"아이쿠!"

준서 입에서 피가 쏟아졌다. 둘은 보건실로 달렸다.

"아침부터 왜 치고 박고 야단들이니? 평소에는 사이좋게 지내더니……. 입안 다친 건 며칠 가겠는데?"

응급 처치를 끝낸 뱃살 공주의 말이었다.

"별것도 아닌 비밀을 말하겠다고 장난 좀 쳤더니, 얘가 이렇게 들이박지 뭐예요?"

"어어, 하지 마!"

놀란 장군이가 준서 입을 틀어막았다. 순간 준서가 비명을 지르며 장군이 손을 얼른 떼어 냈다.

"그만해! 덧나면 정말 병원에 가야 한다고!"

"이 녀석이 고추에 털 났다고, 고거 가지고 그런대요!"

약이 오른 준서가 결국 비밀을 말해 버렸다. 장군이 얼굴이 새파랗게 질렸다. 하지만 뱃살 공주는 깔깔거렸다.

"어머, 얘, 장군아. 그건 누구나 나는 거야. 게다가 너희는 이제 막 털이 나는 거잖니? 아직은 새싹이지? 앞으로 더 무성해져서 숲이 될 텐데, 그땐 어쩔래?"

그 말에 두 녀석의 웃음보가 터졌다. 장군이는 아빠의 무성한 털이 떠올라 더 웃음이 났다.

'나는 새싹, 아빠는 숲! 에이, 그러고 보니 별것도 아니네.'

털은 왜 나는 걸까요?

그런데 도대체 털은 왜 나는 거예요? 보기에도 징그럽고 별로 쓸모도 없는 것 같은데요!

사실 우리 몸은 태어날 때부터 눈에 잘 보이지 않는 솜털로 뒤덮여 있어. 그런데 사춘기가 시작되면서 특정한 부위에 굵은 털이 자라는 거지. 네 생각에는 털이 왜 나는 것 같니?

으음, 체온을 유지하기 위해서가 아닐까요? 우리 집 강아지 왈도도 몸에 털이 뒤덮여 있는데, 체온을 유지하기 위해서라고 엄마가 그러셨거든요.

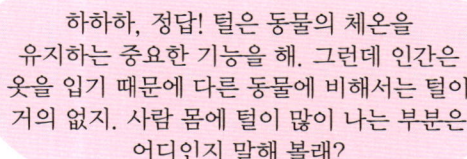

하하하, 정답! 털은 동물의 체온을 유지하는 중요한 기능을 해. 그런데 인간은 옷을 입기 때문에 다른 동물에 비해서는 털이 거의 없지. 사람 몸에 털이 많이 나는 부분은 어디인지 말해 볼래?

그건 팔, 다리, 겨드랑이, 성기 부위 정도인가요?

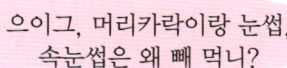

으이그, 머리카락이랑 눈썹, 속눈썹은 왜 빼 먹니?

아, 그렇구나! 그런데 우리 몸에 털은 얼마나 돼요?

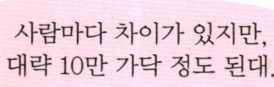

사람마다 차이가 있지만, 대략 10만 가닥 정도 된대.

 사과가 익어가는 상담소 도와줘요 뱃살 공주!

그렇게나 많아요? 그럼 털들이 하는 일이 모두 다른가요?

그럼. 머리카락은 뇌를 보호하고, 눈썹이나 속눈썹은 눈에 땀이나 먼지 같은 것이 들어가는 것을 막아 줘. 겨드랑이와 성기 부위의 털은 피부가 마찰되는 것을 막아 주는 거고.

아하, 그렇구나! 그런데 왜 머리카락은 그렇게 많은데, 다른 곳은 털이 적어요?

그건 안드로겐이라는 호르몬 때문이야. 안드로겐은 털을 빠지게도 하고, 자라게도 만들지. 몸의 각 부분이 이 호르몬에 다르게 반응하기 때문에 털의 양이 다른 거야.

수염은 왜 빨리 자랄까?

남자는 사춘기가 되면서부터 코 밑과 턱에 수염이 자란단다. 그런데 어른들을 보면 매일 면도를 하는데도, 하룻밤 자고 나면 덥수룩하게 수염이 나 있어. 수염은 왜 빨리 자라는 걸까?
그건 바로 면도 때문이야. 면도를 하면 모근을 자극해서 모근이 털을 더 빨리 자라게 한대. 그리고 면도를 해서 깨끗해졌기 때문에, 수염이 조금만 자라도 많이 자란 것처럼 느껴지는 것이지.

2부 나, 많이 아파요!

많은 아이들이 모여 생활하는 학교.
그러다 보니 매일 뻥뻥 터지는 크고 작은 사고들.
장난치다 넘어져서 앞니가 부러지거나,
친구랑 놀다가 팔다리가 부러지는 일도 많아.
다친 몸은 치료하면 금방 낫지만,
마음을 다치면 쉽사리 낫지 않지.
우정을 나누어야 할 친구들에게
괴롭힘을 당했던 기억은 평생 갈지도 몰라.
어떤 처방을 내려야 학교 폭력이 사라질까?
오늘도 뱃살 공주 출동 준비 완료!

부러진 앞니

"와, xpm이닷!"

국내 최고 남자 아이돌 그룹 xpm이 우리 학교에 왔다. 텔레비전 연예 프로그램 촬영을 우리 학교에서 한다고 했다. 곧 촬영이 시작될 예정이니 전교생은 모두 운동장으로 모이라는 방송이 나왔다. 그 순간 한바탕 난리가 났다. 서로 먼저 운동장으로 나가려는 아이들이 뒤엉켜 엎치락뒤치락 야단이었다.

그때, 뒤에서 큰 목소리가 들렸다. 선생님이었다.

"애들아, 차례 지켜서 줄 서서 나가야지."

선생님 말씀이 떨어지자 아이들은 어쩔 수 없이 줄을 섰다. 나란히 순서를 지켜 계단을 내려갈 때였다.

"비켜!"

한 남학생이 쭈르르 계단 손잡이를 타고 내려왔다. 깜짝 놀란 아이들은 피하려다 그만 서로 뒤엉켜 넘어졌다.

"까악!"

뒤쪽에서 누군가의 비명 소리가 크게 들렸다. 하지만 계단을 타고 내려가던 남학생은 힐끔 돌아보더니 아무 일 없다는 듯이 그냥 운동장으로 내달렸다. 넘어졌던 아이들은 투덜거리며 자리에서 일어났다.

그때, 기혁이가 울음을 터뜨렸다. 기혁이 입 주변은 온통 피투성이였다. 그 모습을 본 아이들이 놀라 소리를 질렀다. 입을 오물거리던 기혁이가 뭔가를 뱉어냈다. 놀란 선생님이 다가가 보니 그건 기혁이의 이였다. 앞니 두 개가 부러진 거였다.

"얼른 보건실로 가자!"

선생님은 반장 준호에게 기혁이를 보건실로 데려가게 했다. 선생님은 기혁이 이를 챙겨 들고 보건실로 따라 뛰었다.

"선생님! 큰일 났어요!"

준호가 보건실 문을 열고 소리쳤다. 깜짝 놀란 뱃살 공주가 자리에서 벌떡 일어났다.

"기혁이가 계단에서 넘어져서 이가 부러졌어요. 어떤 형이 그랬어요! 그런데 미안하다는 말 한마디도 없이 그냥 가 버렸어요!"

준호는 자기가 당한 것처럼 몹시 분한 듯 씩씩거렸다. 반면 기혁이는 눈물을 글썽이며 신음만 낼 뿐이었다.

뱃살 공주는 우선 응급 처치부터 했다. 하지만 앞니 두 개가 완전히 부러져서 바로 치과에 가야 할 상황이었다.

"준호야, 범인은 이따가 잡자꾸나. 지금은 기혁이를 병원에 보내는 게 먼저야. 너는 이제 교실로 가도 된단다."

기혁이의 커다란 앞니 두 개가 생리 식염수에 담겨 있었다. 준호는 보건실을 떠나는 뱃살 공주와 기혁이의 뒷모습을 바라보았다.

'기혁이는 유난히 앞니가 크고 튀어나와서 다들 토끼라고 불렀는데……. 기혁이 이는 괜찮을까? 설마 앞니가 뻥 뚫린 채 살아야 하는 건 아니겠지?'

준호는 혼자 엉뚱한 생각을 하며 기혁이 걱정을 했다.

다음 날, 보건실에 기혁이 엄마가 찾아왔다.

"선생님, 감사합니다. 어제는 정신이 없어서 인사도 잘 못 드렸어요. 선생님이 응급 처치를 잘해 주시고, 바로 치과에 데려가 주셔서 다행히 기혁이 이를 다시 붙일 수 있었어요."

마주앉은 기혁이 엄마가 고개를 숙이며 인사를 하자, 뱃살 공주도 같이 고개를 숙여 인사를 했다. 기혁이 이가 잘 치료가 됐는지, 기혁이 엄마의 얼굴이 편안해 보였다. 뱃살 공주도 걱정으로 무거웠던 마음이 한결 가벼워졌다. 뱃살 공주의 입가에도 미소가 떠올랐다.

뱃살 공주는 기혁이 엄마의 손을 붙잡으며 위로의 말을 건넸다.

"어제 들으셨겠지만, 기혁이 이를 부러뜨린 학생도 많이 미안해하고 있어요. 그 학생도 일부러 그런 게 아니라 실수였으니까, 이해하시고 용서하세요."

기혁이 엄마는 고개를 끄덕이며 대답했다.

"안 그래도 그 학생 어머니와 병원에서 만났어요. 얘기 잘 나눴어요. 선생님께서 신경 많이 써 주셔서 정말 감사합니다. 전부터 아이들을 잘 보살펴 주신다고 말씀 많이 들었어요."

기혁이 엄마의 칭찬에 뱃살 공주의 볼이 붉어졌다.

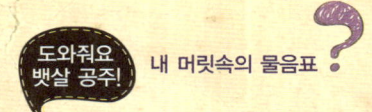 

그냥 조금 장난친 거는 괜찮지 않나요?

"복도에서 뛰어다니면 안 돼!"
"교실에서 장난치지 마!"

　아이, 왜 이렇게 하지 말라는 건 많은지 짜증 나지? 친구들하고 재미있게 장난도 치고 싶고 말이야. 하지만 좁은 공간에 많은 친구들이 있는 학교에서는 잠깐의 실수로도 큰 사고가 나니까 항상 조심, 또 조심해야 해!

　사실 학교에서는 늘 크고 작은 사고가 끊이지 않는단다. 특히 친구끼리 장난을 치거나 놀다가 일어나는 사고가 생각보다 많으니까 꼭 조심해야 돼. "뭐, 그냥 장난인데 어때?" 하다가 크게 다치는 경우도 있단다. 혹시라도 나 때문에 친구가 다치게 되면, 마음도 아프고 죄책감도 느끼겠지?

아는 것이 힘! **지식 플러스**

사고가 나면 어떻게 해야 할까?

사고는 미리 조심해서 안 일어나는 것이 가장 좋지만, 학교는 많은 사람들이 함께 생활하는 곳이다 보니 종종 사고가 벌어지기도 해. 때로는 내가 다치기도 하고, 반대로 내가 다른 친구를 다치게 할 때도 있지. 어쩔 수 없이 사고가 났다면, 어떻게 하는 것이 좋을까?

다친 어린이

☆ 빨리 상처를 치료받을 수 있도록 보건실로 올 것
☆ 많이 다쳤을 때는 근처에 있는 친구에게 도와 달라고 할 것
☆ 어디를 어떻게 다쳤는지, 얼만큼 아픈지 자세히 이야기할 것
☆ 담임 선생님에게 있었던 일을 정확하게 이야기할 것

다치게 한 어린이

★ 다친 친구를 빨리 보건실로 데려올 것
★ 잘못을 솔직히 말하고 사과할 것
★ 선생님이나 부모님에게 사실대로 말씀드릴 것
★ 부모님은 다친 어린이 부모님에게 전화해서 사과를 하고, 치료를 잘 받을 수 있도록 최선을 다할 것

※ 학교에서 교육 활동 중에 일어난 사고는 안전 공제회에서 보상을 받을 수 있어요.

개똥이네 놀이터

우리 학교 근처에는 '개똥이네 놀이터'가 있다. 촌스러운 이름과는 달리 아이들을 벌벌 떨게 하는 공포의 장소다. 왜냐고?

"너, 이 자식, 학교 끝나고 개똥이네 놀이터로 와!"

이럴 때 주로 쓰이는 곳이기 때문이다.

그동안 나는 소문으로만 그런 얘기를 들었다. 그런데 오늘 정말 그런 장면을 보고야 말았다. 우리 반 얼빵인 민수가 학교 짱인 창민이 형한테 딱 걸린 거였다. 바로 그때 창민이 형이 진짜 하나도 안 틀리고 이렇게 말했다.

"너, 이 자식, 학교 끝나고 개똥이네 놀이터로 와!"

사실 민수가 별다른 잘못을 한 건 아니다. 급하게 뛰어가다가 실수로 창민이 형의 발을 걸고 만 것이었다. 그런데 그 바람에 창민이 형은 말 그대로 벌러덩 넘어졌고, 일어선 뒤 내뱉은 첫 마디가 바로 그거였다.

민수는 그저 입을 헤 벌리고는 계단을 올라가는 창민이 형 뒷모습만 멍하니 바라보았다.

"너 이제 큰일 났다!"

내 말에 민수가 또 멍한 표정으로 물었다.

"왜?"

'이거 정말 바보 아냐?'

난 속으로 이렇게 생각했다.

"학교 짱인 창민이 형을 건드렸으니, 넌 이제 죽은 목숨이라니까!"

그러면서 나는 손으로 목을 긋는 시늉을 했다. 그런데도 계속 멍한 표정만 짓고 있는 민수를 보자니 한숨만 나왔다.

민수는 우리 반 왕따였다. 늘 멍한 표정을 짓고 있는 데다가 잘하는 게 하나도 없어서 어느 모둠에서도 환영받지 못했다. 민수가 걸리는 모둠은 '재수 옴 붙었다.'며 속상해했다. 모둠별로 청소며 운동, 공부, 발표 등을 평가하기 때문이다.

그런데 민수는 정말로 잘하는 게 하나도 없었다. 쪽지 시험은 늘 10점. 운동은 또 어떻고? 조금만 뛰어도 넘어지기 일쑤였다. 발표도 멍한 표정으로 일어났다가 입도 뻥긋 못하고 다시 자리에 앉았다. 그래서 민수가 들어간 모둠은 늘 벌로 청소를 도맡곤 했다.

민수가 들어가면 그 모둠의 아이들 얼굴은 죄다 울상이 되고, 심지어 다른 모둠으로 바꿔 달라고 말하는 애들도 있었다. 하여간 민수 때문에 되는 게 없었다.

그런 민수가 창민이 형한테 걸린 걸 보니 두 가지 마음이 동시에 들었다. 살짝 쌤통이란 생각과 바보 같은 게 학교 짱에게 걸려 실컷 얻어터질 걸 생각하니 좀 안 됐다는 생각.

그런데 왠지 마음이 무척 불편했다. 두 가지 마음이 천사와 악마처럼 내 안에서 계속 속삭였다.

'잘됐잖아. 맞든 말든 신경 쓰지 마. 어차피 네 일도 아니잖아?'

'멍청해서 피해는 주지만, 그래도 나쁜 애는 아니잖아. 선생님에게 알리면 이 일을 막을 수 있을지도 몰라.'

하지만 괜히 선생님에게 고자질을 했다가 나중에 창민이 형이 알게 되면 내게 보복할까 봐 겁이 났다.

그때, 갑자기 뱃살 공주가 생각났다. 뱃살 공주는 우리 학교 해결사니까, 뭔가 해답을 줄지도 모른다는 생각이 들었기 때문이다.

나는 보건실로 들어섰다.

"현서야, 웬일이니? 어디 아파?"

나는 뱃살 공주에게 있었던 일을 모두 털어놓았다. 내 이야기를 들은 뱃살 공주는 한참 동안이나 곰곰이 생각하는 표정이더니 이렇게 말했다.

"이따가 수업 시간 끝나고 민수 데리고 여기에 다시 와 줄래? 내 생각엔 민수 혼자 여기에 올 것 같지 않아서 그래."

'아아. 골치 아픈 일에 엮이게 되었다!'

난 이런 생각이 들었지만, 어쩔 수 없이 고개를 끄덕였다.

종례가 끝난 뒤, 민수를 데리고 보건실에 들렀다. 뱃살 공주는 환한 웃음으로 맞아 주었다. 무언가 좋은 생각을 해낸 게 분명했다. 그제야 뱃살 공주에게 말하기를 잘했다는 생각이 들었다.

"그런데 선생님, 어떡하실 거예요?"

궁금해진 나는 뱃살 공주에게 물었다.

"음…, 그건 말이야, 비밀!"
뱃살 공주가 쉿 하고 입에 손가락을 갖다 댔다.
그러면서 나에게 먼저 집에 가라며 보건실 문을
열어 주었다. 나는 죽을 만큼 궁금했지만, 어쩔
수 없이 문을 나섰다. 살짝 돌아보니 뱃살 공주는
민수에게 맛있는 케이크를 내주고 있었다.

꼬리에 꼬리를 무는 학교 폭력

"요즘 학생들은 툭 하면 싸우잖아요? 도대체 왜 그럴까요?"

"학교는 여럿이 함께 생활하는 곳이어서 서로 갈등이 생길 수 있어. 사람마다 성격이나 생각, 생활 태도가 다르기 때문에 오해가 생기기도 해. 그런데 그런 오해를 말로 푸는 게 서투르다 보니 싸우게 되는 거지."

"맞아요. 사실 별것 아닌데, 다툴 때가 많아요. 그냥 쳐다봤는데, '너 왜 재수 없게 쳐다 봐?' 그러면서 시비를 걸거든요."

"그건 사춘기라 더 그래. 다들 성격도 예민해지고, 충동도 많아지는데 막상 그런 걸 풀 데도 없잖아. 게다가 부모님이나 선생님은 늘 공부만 하라고 하고. 친구들과 놀고도 싶고 운동도 하고 싶은데 늘 학교, 집, 학원이니까 스트레스가 쌓이는 거지."

"맞아요. 매일 학원에 가야 하고, 학원 갔다 와서도 쉴 시간이 없어요. 정말 공부도 재미없고, 다 집어치우고 싶을 때도 종종 있어요."

"사실 우리나라 학생들은 공부 말고는 다른 걸 할 시간도, 여유도 없어. 정말 안타까워!"

"학교에서 공부를 하다 보면 부글부글 끓어오를 때도 있어요. 친구들은 자기 입장만 고집하고, 말이 통하지 않아요. 그럴 땐 정말 화가 나요."

"그래. 게다가 요즘 외동인 아이들도 많으니까 모든 것을 집에서 다 맞춰 주고 키웠거든. 그러다가 학교에 가면 자기 맘대로 안 되니까 집에서 하듯이 멋대로 구는 거지."

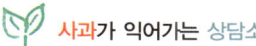 

"맞아요. 말로 해결해도 되는 걸 주먹부터 드는 애들이 많아요!"

"하지만 맞은 애는 억울하고 분할 텐데…. 또 맞을까 봐 두렵기도 할 테고……."

"때리는 애들은 그런 건 잘 생각 안 하는 거 같아요. 맞아 본 적 없는 애들은 맞는 게 아프고 두려운 일이라는 걸 잘 몰라요. 다른 사람 입장은 전혀 생각 안 하니까요. 다른 애들이 자기 앞에서 벌벌 떠는 걸 보고 히죽거리며 웃는 애들도 있어요."

"네 말대로 입장을 바꿔서 생각해 봐야 하는데 말이야."

"그러게요. 그런데 나중에 보면 예전에 맞았던 애들이 도리어 다른 애들을 때리고 다니는 일도 많아요."

"그게 바로 폭력의 나쁜 점이란다. 맞은 애들이 나중에 다른 애들을 때리고, 또 맞은 애들이 또 다른 애들을 때리고 계속 반복되는 거지."

"늘 맞기만 하는 애들도 있어요. 그런데 때리는 애들은 힘이 세거나 여러 명이니까 말릴 용기가 안 나요."

"그렇지만 만일 맞는 아이가 나라고 생각한다면 어떻겠니? 학교 안에서 폭력이 일어나는 것을 보면 바로 부모님이나 선생님께 이야기를 해야 해."

부모님이나 선생님께 직접 말씀드리기가 힘들면 학교 폭력 SOS 지원단 전화 (1588-9128)를 통해 상담원과 함께 고민해 보세요. 상황이 심각하거나 급할 때는 학교 폭력 신고 전화(117)를 이용하는 방법도 있어요.

꼬붕 정호

학교 문을 나서는 정호가 힘겨워 보였다. 자기 것까지 모두 4개의 가방을 짊어지고 낑낑거리고 있었다. 팔에 걸친 가방 하나는 떨어지기 직전이었다.
"야, 그 가방 떨어뜨리면 가만 안 둬?"
양훈이가 돌아보며 위협적으로 말했다. 정호는 가방을 끌어올리며 씩 웃어 보였다.
"안 떨어뜨려! 걱정 마."
길을 가던 여자아이들이 정호를 보고 킥킥거렸다.

정호는 신경이 쓰이는지 자꾸만 뒤를 돌아보았다. "쟤 양훈이 똘마니래. 그래서 매일 가방 들고 다니는 거래."라고 말하며 여자아이들이 자기를 비웃는 것 같았다. 정호의 얼굴이 달아올랐다. 솔직히 마음 같아서는 "야! 너희 가방은 너희가 들어!"라고 소리치며 팽개치고 싶었다. 그렇지만 그 뒤 어떤 보복을 당할지 끔찍했다.

저번에는 간식을 안 사왔다고 양훈이 패거리에게 두들겨 맞았다. 다음 날부터 정호는 간식 살 돈을 챙겨 와야 했다. 돈이 없는 날은 꼼짝없이 맞아야 했다. 그런 날이면 정호는 밤새 울었다. 날마다 학교에 가는 게 정호에게는 지옥 같았다.

어느 날, 양훈이가 정호에게 옆 반 경준이를 뒷골목으로 데려오라고 시켰다. 전날 경준이가 양훈이에게 대들었기 때문이었다. 정호는 정말 하고 싶지 않았지만, 뒷일이 무서웠다.

정호는 어쩔 수 없이 경준이를 찾아가 미나가 부른다는 거짓말을 했다. 경준이가 미나를 좋아다는 걸 알고 있었기 때문이었다. 예상대로 경준이는 웃으며 따라나섰다.

정호는 술술 거짓말을 하는 자기 입에 테이프를 붙이고 싶었다. 양훈이 패거리가 시키는 짓을 하려고 아무렇지 않게 웃으며 거짓말을 하는 자신이 싫었다. 양훈이 패거리에게 당할 경준이를 생각하면 미안한 마음도 들었다. 하지만 자기가 맞지 않으려면 어쩔 수 없다고 생각하며 눈을 질끈 감았다.

"미나가 왜 날 보자고 했을까? 정호야, 미나랑 내가 만난 건 비밀로 해 줘야 해! 알았지?"

경준이는 신이 나서 정호를 따라 골목에 들어섰다. 하지만 그곳에

는 미나가 아니라 양훈이 패거리가 기다리고 있었다. 경준이는 표정이 딱딱하게 굳었다. 정호는 눈치껏 슬쩍 빠지려고 기회를 엿보고 있었다. 그런데 양훈이가 갑자기 정호를 불렀다.

"한정호! 너는 나한테 겁도 없이 대든 경준이를 어떻게 해야 한다고 생각하냐? 물론 그냥 둬서는 안 되겠지? 그런데 내 손 더럽히기는 싫으니 네가 좀 해결해라."

한마디로 정호에게 경준이를 때리라는 말이었다. 정호가 도리질하자 양훈이는 눈을 부릅뜨며 주먹을 치켜들었다. 정호는 울며 겨자 먹기로 양훈이가 시키는 대로 할 수밖에 없었다. 그날, 정호는 뜬눈으로 밤을 새웠다. 빠져나올 수 없는 시궁창에 빠진 기분이었다.

다음 날, 경준이는 결석했다. 경준이 엄마와 통화한 담임 선생님이 정호와 양훈이를 불렀다. 선생님은 단단히 화가 난 것 같았다.

"어떻게 된 일인지 모두 솔직하게 말해. 안 그러면 나중에 일이 어떻게 될지 모른다!"

양훈이는 자기가 안 그랬다고 딱 잡아뗐다. 정호는 담임 선생님의 매서운 눈길을 피했다.

"저, 전 아무것도 몰라요! 그냥 시키는 대로 한 것뿐인데……."

머뭇거리는 정호와 그런 정호를 협박하듯이 눈치를 주는 양훈이를 한참 동안 번갈아 바라보던 담임 선생님은 정호를 뱃살 공주에게 보냈다.

정호를 만난 뱃살 공주는 이렇게 말했다.

"정호야, 지금 네 마음이 어떤지 나는 대충 짐작한단다. 그동안 양훈이 패거리가 학교에서 어떤 일들을 하고 다녔는지도 대강 알고 있고 말이야.

하지만 무조건 양훈이 패거리를 혼낼 수는 없어. 네가 모든 걸 솔직하게 얘기하면 걔네들이 그동안 했던 일을 반성하게 만들 수 있지만, 네가 말을 안 하면 걔네들은 앞으로도 계속 나쁜 짓을 할 거야. 네 용기가 필요해, 정호야."

정호의 눈에서 뜨거운 눈물이 흘러내렸다. 말하고 싶은 마음과 양훈이에게 보복당할까 봐 두려운 마음이 싸우고 있었다. 뱃살 공주는 정호를 다독였다.

"넌 혼자가 아니야, 정호야. 나도, 네 담임 선생님도, 네 부모님도, 네 친구들도 네 편이 돼 줄 거란다. 그러니 용기를 잃지 마."

도와줘요 뱃살 공주!

Check! Check!
체크! 체크! 셀프 확인!!

나도 친구를 괴롭혔다고?

꼭 때리는 것만 폭력은 아니야. 몸뿐만 아니라 마음을 다치게 하는 것도 폭력이란다. 혹시 나도 모르는 사이에 다른 친구들을 괴롭히고 있지는 않은지 잘 생각해 봐!

만일 이 중에서 5개 이상이라면 위험

- [ ] 다른 친구를 뚱뚱하거나 더럽다고 놀린 적이 있다.
- [ ] 공부 못하는 아이를 보면 한심하다.
- [ ] 잘난 척, 있는 척, 예쁜 척하는 애를 보면 시비를 걸고 싶다.
- [ ] 행동이 느리고 어눌한 애를 보면 짜증난다.
- [ ] 짜증나는 일을 보면 못 참고 욱한 적이 있다.
- [ ] 어려운 처지의 아이를 봐도 도와주고 싶은 마음이 들지 않는다.
- [ ] 비싼 옷이나 물건을 자랑하는 애들은 재수 없다고 욕한다.
- [ ] 마음에 안 드는 애와는 밥도 같이 먹기 싫다.
- [ ] 마음속에 있는 말을 모두 표현해야 마음이 후련하다.
- [ ] 친구와 싸울 때는 말보다 주먹이 먼저 나간다.
- [ ] 맞는 친구를 보면 '맞을 만한 이유가 있다.'고 생각한다.
- [ ] 친구들이 놀리는 애는 나도 같이 놀린다.

이런 것도 모두 폭력!

협박하는 것

물건을 가져가서 돌려주지 않는 것

놀리는 것

욕하는 것

따돌리는 것 / 말을 걸지 않는 것

물건을 부수는 것

돈을 빼앗는 것

빌린 돈을 갚지 않는 것

문자나 이메일로 욕하거나 협박하는 것

3부 스트레스 때문에 힘들어요!

행복은 성적순이 아니라는 말은 이젠 옛말.
요즘 아이들은 시험 점수에 안절부절.
공부를 잘하고, 점수가 좋아야만
부모님께도 칭찬 받고, 친구들에게도 으쓱해지.
그래서 쳇바퀴 돌 듯 학교, 학원, 집을 돌아.
스트레스는 날마다 쌓이는데, 막상 풀 방법은 없어.
그래서 누구는 컴퓨터 게임에 빠지고,
누구는 다른 애들을 괴롭히지.
우리의 뱃살 공주는 이럴 때 어떻게 도와줄까?

땜빵 박사

"야! 땜빵, 어디 갔다 오냐?"

"땜빵 박사, 오늘 시험은 잘 봤냐?"

땜빵 박사 한솔이가 놀리는 애들을 화난 얼굴로 쏘아보았다. 놀리던 아이들은 흠칫 놀라는 척하며 입을 다물었다. 하지만 하나도 무섭지 않은 얼굴이었다. 사실 한솔이가 땜빵 박사가 된 건 불과 두어 달 전이다. 예전에는 더 좋은 별명들이 많았다. 수학 천재, 수학 박사, 척척 박사, 걸어 다니는 사전 등……

그런데 어느 날부터인지 한솔이의 머리가 조금씩 빠지더니 동전처럼 동그랗게 구멍이 났다. 그 구멍은 작아지지 않고 점점 더 커졌다.

부쩍 신경질이 늘어난 것도 그때부터였다. 계속 병원에 다녀도 잘 낫지 않았다. 애들은 그때부터 한솔이를 땜빵 박사라고 놀리기 시작했다.

"땜빵 박사, 오늘 집에서 무슨 일 있었냐? 왜 이렇게 신경질이야?"

분위기 파악을 못한 짝 준수의 말에 한솔이가 준수의 멱살을 잡았다. 놀란 준수는 한솔이 손을 떼어 내려고 몸부림쳤지만, 한솔이는 마구 주먹을 휘둘렀다.

준수는 일방적으로 한솔이에게 두들겨 맞았다. 놀란 아이들이 뛰어가 담임 선생님을 불러 왔고, 그제야 한솔이는 주먹질을 멈췄다.

담임 선생님은 종례가 끝난 뒤 한솔이에게 남으라고 말했다.

"평소엔 안 그러던 애가 도대체 왜 그랬니? 혹시 집에 무슨 일 있니? 아니면 무슨 고민이라도 있는 거야?"

선생님은 나무라는 대신 살갑게 물었다. 다정한 말투에 한솔이 눈에서 굵은 눈물방울이 떨어졌다. 그러나 무슨 일 때문인지 말은 하지 않고 고개만 가로저었다.

"오늘은 그냥 넘어가마. 하지만 다시는 이런 일을 되풀이해서는 안 된다. 알았지? 한솔이, 넌 정말 안 그럴 거라고 생각해. 선생님은 널 믿는다!"

이번엔 엄한 목소리였다. 한솔이는 나지막하게 대답했다.

그러나 담임 선생님의 믿음은 얼마 안 가 산산조각이 났다. 바로 며칠 뒤, 한솔이는 우진이랑 한바탕 싸움을 벌였기 때문이었다. 이번에는 화가 단단히 난 선생님이 한솔이를 심하게 나무랐고, 한솔이는 대성통곡을 했다. 그런데도 왜 그랬는지 물으면 조개처럼 입을 꼭 다물었다.

고민하던 선생님은 결국 우리 학교 해결사 뱃살 공주에게 한솔이를 보냈다. 담임 선생님에게 상황을 전해들은 뱃살 공주는 새로운 전략을 짰다. 못마땅한 얼굴로 들어오는 한솔이에게 아무것도 묻지 않고 침대에 누워 낮잠을 자라고 한 것이었다. 그렇게 한솔이는 며칠 동안 보건실에서 낮잠을 잤다. 푹 자고 나면 뱃살 공주가 맛있는 간식도 주었다.

그리고 며칠 뒤였다. 그날도 보건실에 한솔이가 찾아왔다. 그런데 한솔이는 쭈뼛거리며 뭔가 말하고 싶은 눈치였다. 뱃살 공주는 맞은편 자리에 앉으라고 권했다. 뱃살 공주를 바라보는 한솔이의 눈시울은 이미 붉어져 있었다.

"네가 얘기하고 싶지 않으면 안 해도 돼. 하지만 가끔은 다른 사람에게 고민을 털어 놓으면 후련해질 때도 있어. 그리고 네가 모르던 방법을 찾을 수도 있단다."

한솔이는 고개를 푹 숙이고 이렇게 말했다.

"힘들어서 정말 죽고 싶어요, 선생님. 공부하는 것도 너무 힘들고, 올백 못 맞는다고 엄마에게 야단맞는 것도 싫고, 일요일까지 학원이며 과외에 시달리는 것도 너무 힘들어요. 제 머리에 왜 땜빵이 생겼는지 아세요? 스트레스를 너무 많이 받아서래요. 흐어엉!"

결국 한솔이의 고백은 눈물로 끝났다. 뱃살 공주는 잠자코 한솔이를 품에 안아 주었다. 잠시 뒤, 한솔이의 울음이 잦아들었다.

"한솔아, 공부 좀 못해도 괜찮아. 가장 중요한 건 너잖니. 네가 스트레스를 아주 많이 받는다는 걸 엄마도 아시니까 예전과는 달라지실 거야. 그래도 안 되면 선생님이 엄마께 잘 말씀드려 볼게. 그러니까 너무 힘들어하지 마. 응?"

한솔이는 고개를 끄덕이면서 뱃살 공주를 바라보았다. 어린아이같이 맑은 눈이었다. 뱃살 공주는 마음이 아팠다. 하루 빨리 한솔이 엄마를 만나야겠다는 생각이 들었다.

"걱정 마. 다 잘될 거야. 내가 누구니, 바로 우리 학교 해결사잖니?"
뱃살 공주의 호언장담에 한솔이가 슬며시 웃었다. 고개를 끄덕이는 한솔이 표정이 아까보다 훨씬 밝아져 있었다.

공부를 즐겁게 하는 방법도 있나요?

태어나면서부터 대학에 갈 때까지 오로지 '공부' 하나만을 바라보고 달리는 우리나라 학생들. 그래서 누구나 공부, 시험, 성적으로 인해 고민하고 힘들어 해.
그런데 똑같은 상황에서도 스트레스를 유난히 많이 받는 사람이 있고, 그렇지 않은 사람이 있어. 그건 왜일까?
밝고 긍정적인 아이는 부정적인 아이보다 스트레스를 덜 받아. 또 미래를 위한 목표가 확실한 아이, 자신감이 많은 아이도 그래.
그래, 어차피 해야 할 공부라면 마음을 확 바꿔 보자. 공부를 즐거운 것으로 생각하고 즐기면 어떨까?
만약에 매일 10점 맞았던 아이가 어느 날 70점, 또 90점으로 성적이 오른다면 주위의 부러움과 칭찬을 얻게 될 거야. 또 자기도 노력하면 해낼 수 있다는 걸 깨닫고 성취감을 느끼게 되지. 학교 선생님이나 부모님도 예전과는 다른 눈으로 자기를 바라보게 될 거야.
사실 공부를 잘하는 사람이 나중에 반드시 성공한다고 할 수는 없지만, 열심히 한 만큼 기회를 더 얻을 수 있어. 그리고 공부를 잘하기 위해 노력했던 사람은 나중에 커서도 자기가 하는 일에 최선을 다한단다.
그렇지만 지금 당장 공부나 숙제를 하면서 스트레스를 많이 받는다면 무엇보다 해야 할 일의 차례부터 순서대로 잘 정리해 보도록 해. 먼저 꼭 해야 할 일과 하지 않아도 될 일을 나누고, 가장

내 머릿속의 물음표 도와줘요 뱃살 공주!

먼저 해야 할 일과 그 다음의 순서를 정하다 보면 마음도 더 차분해지고 순서에 따라 할 일을 착착 할 수 있을 거야.
그리고 지금 공부 때문에 받고 있는 작은 스트레스를 현명하게 잘 풀다 보면, 나중에는 더 크고 힘든 스트레스도 없애거나 줄이는 지혜를 보너스로 얻게 될 거야!

공부 스트레스를 날리는 몇 가지 방법

♡ 산에 올라가서 마음껏 소리를 지른다.
♡ 땀으로 흠뻑 젖을 때까지 운동을 한다.
♡ 읽고 싶었던 책을 찾아 마음껏 읽는다.
♡ 좋아하는 음악을 들으며 마음을 달랜다.
♡ 친구들과 마음껏 수다를 떤다.
♡ 다룰 수 있는 악기가 있다면, 신나는 곡을 연주해 본다.
♡ 재미있는 영화나 TV프로그램을 보며 실컷 웃는다.

내 머릿속의 컴퓨터

요즘 민기가 영 수상했다. 1학기 회장이었던 민기는 불과 얼마 전만 해도 완벽한 모범생이었다. 외모도 깔끔해서 여자아이들에게도 인기가 최고였다.

그랬던 민기가 확 달라졌다. 도대체 머리는 감고 오는 건지 늘 까치집을 짓고 있었고, 기름기가 번들거렸다. 쉬는 시간마다 잠자느라 정신이 없고, 수업이 끝나면 누가 쫓아오기라도 하는 것처럼 학교 밖으로 내달렸다. 성적은 곤두박질쳤다.

걱정이 된 담임 선생님은 민기를 불러 이야기를 나눴다. 하지만 그 뒤에도 민기 모습은 달라지지 않았다. 수업 시간이면 민기의 눈은 무엇을 보고 있는지 모를 정도로 흐릿했다. 그것도 대부분은 조느라고 꾸벅거렸다.

"윤민기! 일어나. 여기는 학교지, 네 집 안방이 아니야!"

보다 못한 선생님이 민기를 깨우는데도 그 소리조차 못 들은 모양이었다. 민기는 아이들이 킥킥거리며 웃는 소리에야 간신히 정신이 든 것 같았다.

"화장실에서 세수하고, 보건 선생님께 상담받고 와."

담임 선생님의 호령이 떨어졌다. 민기는 느릿느릿 일어나 교실 밖으로 나갔다. 보건실도 간신히 찾았다. 선생님 말씀에 어쩔 수 없이 찾아간 것이었다.

"선생님, 저 여기서 한 시간만 자도 돼요?"

민기는 뱃살 공주 얼굴을 보자마자 이렇게 물었다. 뱃살 공주는 민기 얼굴을 살피더니 고개를 끄덕였다. 민기는 침대에 눕기가 무섭게 곯아떨어졌다. 뱃살 공주는 민기가 걷어찬 이불을 덮어 주며 열이 있는지 이마를 짚었다. 차가웠다.

한참을 정신 없이 자던 민기가 부스스 일어났다. 거의 두 시간을 잔 뒤였다. 눈을 비비며 시계를 본 민기는 화들짝 놀라며 서둘러 신발을 신었다.

"어, 이러다 담임 선생님께 혼날 텐데……."

"민기야. 담임 선생님께는 내가 잘 말씀드렸단다. 자, 이 주스 마시고 정신 좀 차리고 가렴."

민기는 목이 말랐는지 뱃살 공주가 준 주스를 벌컥벌컥 들이켰다. 차가운 주스를 마시고 나니 정신이 좀 드는 것 같았다.

"모범생 민기가 보건실에 와서 끓아떨어지다니, 정말 신기한 일인 걸? 그런데 선생님은 민기가 왜 그러는지 알 것 같은데?"

뱃살 공주가 민기의 얼굴을 빤히 쳐다보며 이렇게 말하자, 민기는 당황하더니 고개를 숙이고는 우물쭈물거렸다.

"너도 알겠지만 선생님은 정보통이 많아. 저 아래 있는 21세기 PC방에 윤민기가 출몰한다는 소문을 얼마 전부터 들었어. 게다가 학원도 안 가고, 저녁 늦게까지 있었다는 얘기를 처음 들었을 때는 잘 믿어지질 않더라. 게임은 거들떠보지도 않던 녀석이 왜 갑자기 그렇게 된 거야? 무슨 고민이라도 생겼니?"

모두 사실이었다. 민기는 뱃살 공주의 정확한 정보력에 놀라 입이 안 다물어질 정도였다. 뱃살 공주는 웃으며 말했다.

"네가 게임에 빠진 걸 어떻게 알았냐고? 어느 날부터인가 민기 눈이 반짝이질 않더구나. 눈이 초점 없이 흐릿하고, 얼굴빛은 갈수록 나빠지고, 항상 꾸벅꾸벅 졸고……. 게임 중독에 걸린 아이들과 똑

같았어. 수업 시간에 칠판을 보고 있어도 수업 내용 대신 게임 판이 돌아간다는 걸 선생님도 다 알아. 그런데 왜 갑자기 민기가 게임에 빠지게 되었는지는 잘 모르겠더라고. 네가 말해 줄래?"

민기가 작은 목소리로 이야기하기 시작했다.

"몇 달 전부터 엄마가 가게를 차리셨어요. 그러다 보니 집에 혼자 있는 시간도 많아지고 심심하기도 해서 게임을 시작하게 되었는데……, 처음엔 정말 조금만 했어요. 조금 하다가 그만두고……. 그런데 점점 시간이 길어지게 되고, 레벨 업도 하고 싶고, 게임 생각이 계속 나서 미치겠어요. 이젠 제 머릿속에 컴퓨터가 들어 있는 것 같아요. 어떡하죠, 선생님?"

뱃살 공주가 상냥하게 대답했다.

"게임 중독이 왜 나쁜 건지는 너도 이미 잘 알고 있지? 왜 사람들이 게임에 빠지면 잠도 안 자고, 먹지도 않고, 며칠이고 밤새워서 게임을 하는 건지. 그러다 죽는 사람들도 있을 정도로 말이야. 그만큼 중독이 되기 때문이야.

우리 민기도 게임에 빠진 뒤로 머리도 잘 안 감고, 잠도 안 자고, 공부도 안 하고, 밥도 잘 안 먹고, 그러다 이젠 네 맘대로 그만두지 못하는 상태가 된 거지? 그럴 땐 어떡해야 할까? 네 힘만으로 안 되면 도와줄 사람을 구해야지. 우선은 매일 수업 끝난 뒤에 나한테 올래? 같이 게임에서 빠져나오도록 하자꾸나. 오케이?"

아는 것이 힘! 지식 플러스

게임(인터넷) 중독에서 탈출하기

한번 빠지면 벗어나기 힘든 게임 중독. 중독에서 벗어나려면 부모님이나 선생님, 가족들에게 알리고 도움을 청해야 해. 한번에 딱 끊을 수는 없지만, 같이 노력하면 얼마든지 벗어날 수 있어.

1. 무엇보다 컴퓨터를 하는 시간부터 줄여야 해. 꼭 사용해야 할 때가 아니라면 컴퓨터를 꺼 놓자.

2. 컴퓨터에 깔아 놓은 게임은 눈 딱 감고 모두 지워 봐.

3. 게임이나 인터넷 말고 밖에서 할 수 있는 다른 취미 활동을 찾아봐.

4. 혼자서 게임 중독에서 벗어나기 어려우면, 부모님이나 선생님과 상담하고 함께 노력해 보자.

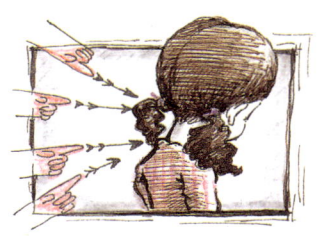

왕따 공주

초롱이가 또 보건실에 왔다. 벌써 일주일째다.
"선생님, 머리가 아파요. 잠깐만 누워 있어도 돼요?"
뱃살 공주는 누워 있는 초롱이에게 이불을 덮어 주었다. 그러면서 초롱이의 얼굴을 찬찬히 살폈다. 그동안 초롱이는 머리가 아프다, 배가 아프다면서 매일 보건실에 출석 도장을 찍었다.
그러나 뱃살 공주는 다 안다. 초롱이가 사실은 마음이 아프다는 걸 말이다. 두통약이니 배탈약을 달라고 할 때면 몰래 비타민을 주기도 했다. 뱃살 공주는 초롱이를 재촉하지 않고 스스로 고민을 털어 놓을 때까지 기다리기로 했다.
다음 날, 초롱이가 어김없이 보건실에 들어왔다. 뱃살 공주가 준 약을 손에 쥔 초롱이는 갑자기 울음을 터뜨렸다. 뱃살 공주는 말없이 우는 초롱이를 꼭 안아 주었다. 한참 뒤 울음이 잦아든 초롱이는 작은 목소리로 이야기를 시작했다.

반 아이들이 얼마 전부터 자기를 따돌리는 걸 느꼈다고 했다. 무슨 말을 하든 무시하고, 대놓고 바보 취급을 하기도 했다. 거기다 단짝 미영이가 얼마 전부터 아는 체도 안 한다는 거였다. 열흘 전에 있었던 반 친구 민아의 생일 파티도 초롱이만 빼고 다 갔다고 했다.

"선생님, 정말 죽고 싶어요."

얼마나 힘들었을까. 뱃살 공주는 초롱이가 안쓰러웠다. 하지만 집단 따돌림 문제는 단번에 해결하기가 힘들다. 그리고 초롱이가 변하지 않으면 문제가 해결되지 않는다. 그래서 뱃살 공주는 초롱이에게 이런 제안을 했다.

"초롱아, 왕따를 이기려면 먼저 네가 변해야 한단다. 네가 자신감이라는 열쇠가 있어야 해결할 수 있는 문제거든. 내일부터 선생님이랑 '왕따 탈출 프로젝트'를 함께해 볼래?"

초롱이는 좀 자신 없어 했지만, 매일 수업이 끝난 뒤에 보건실에 오기로 약속했다.

다음 날부터 초롱이와 뱃살 공주는 많은 시간을 함께 보냈다.

첫날, 뱃살 공주는 초롱이에게 그림을 그리게 했다. 자기 얼굴을 그려 보라고 했더니, 큰 도화지에 아주 작게 자기 얼굴을 그렸다. 두 번째 그린 얼굴은 화가 나서 심술궂은 얼굴, 그 다음은 울고 있는 얼굴이었다.

둘째 날, 뱃살 공주는 초롱이와 함께 명상 음악을 들었다. 처음에는 가만히 앉아 있는 것도 힘들어서 꼼지락대더니, 어느 순간부터 눈을 감고 평화로운 얼굴로 음악을 들었다. 초롱이는 한결 마음이 편안해진 것 같았다.

셋째 날, 뱃살 공주는 초롱이와 함께 신문지 찢기 놀이를 했다. 초롱이는 신문지에 친구들 얼굴을 그리고는 마구 찢었다. 그래도 분이 안 풀리는지 저주 인형을 만들겠다며 친구들 인형을 만들어 마구 찢었다.

넷째 날, 뱃살 공주는 초롱이와 함께 물총 놀이를 했다. 초롱이는 재빨리 움직이며 뱃살 공주를 맞췄고, 물총을 수십 발 연달아 맞은 뱃살 공주는 "항복!"을 외쳐야 했다.

처음에는 어쩔 수 없이 보건실에 왔던 초롱이였지만, 하루가 다르게 얼굴 표정이 밝아졌다. 초롱이는 점점 자신감을 되찾았고, 자신이 왜 왕따를 당했는지 스스로 생각하기 시작했다. 뱃살 공주는 흐뭇한 표정으로 초롱이를 바라보았다. 하지만 아직 마지막 단계가 남아 있었다. 초롱이가 이 위기를 슬기롭게 잘 이길 수 있을지 뱃살 공주는 오랫동안 고민했다.

다음 날, 초롱이가 보건실에 들렀을 때 뱃살 공주의 모습은 어디에도 보이지 않았다. 잠시 자리에 앉아서 뱃살 공주를 기다리고 있는데, 뜻밖의 손님이 보건실로 찾아왔다. 바로 단짝이었던 미영이였다. 보건실로 들어선 미영이의 얼굴은 몹시 긴장한 듯 딱딱하게 굳어 있었다. 미영이는 초롱이 얼굴만 물끄러미 쳐다보며 쉽게 입을 열지 못했다.

"네가 무슨 일로 보건실에 왔니? 선생님은 안 계신데……."

초롱이가 먼저 입을 열었다.

"알아. 나 사실 널 보러 온 거야. 미안하다고 사과하려고……. 정말 미안해, 초롱아. 내가 비겁했어. 너랑 놀면 나도 왕따 시킨다고 애들이 겁줘서 그런 거야. 내가 끝까지 너랑 친구로 지냈어야 했는데…, 정말 미안해."

미영이는 더 이상 말을 잇지 못하고 와락 울음을 터뜨렸다. 초롱이는 아직 미운 마음이 다 가시지는 않았지만, 그래도 용기를 내 찾아와 준 미영이가 고마웠다. 초롱이는 우는 미영이를 끌어안았다. 초롱이 눈에서도 눈물이 흐르고 있었다.

도와줘요 뱃살 공주!

Check! Check!
체크! 체크! 셀프 확인!

나는 왕따일까, 아닐까?

왕따를 해서도, 당해서도 안 되겠지만
공공연히 일어나는 게 현실.
다음 물음에 솔직하게 체크해 보자.

- 친구보다 성적이 먼저라고 생각한다. ☐
- 방과 후 군것질은 혼자 먹는 경우가 많다. ☐
- 수업시간에 "놀아요~." 하는 애들을 보면 짜증난다. ☐
- 같이 노는 애들 중에서 나보다 잘난 애는 없다. ☐
- 모두가 아는 소문을 가장 늦게 전해 듣는 편이다. ☐
- 혼잣말을 잘해서 구박을 많이 받는다. ☐
- 애들한테 성적을 말할 때는 거짓말을 한다. ☐
- 조금이라도 튀어서 선생님께 예쁨을 받고 싶다. ☐
- 비밀이 많은 편이다. ☐
- 친구에게 돈 때문에 욕을 먹은 적이 있다. ☐
- 애들이 하는 유행어를 잘 못 알아듣는다. ☐
- 생일 때 부를 친구가 3명 이하다. ☐

편지나 이메일 받는 일이 일주일에 두 번 이하다. ☐
친구 부탁을 거절했다가 되갚음을 당한 적이 있다. ☐
솔직히 말해서 좀 지저분한 편이다. ☐
지금 우리 반이 마음에 들지 않는다. ☐
친구가 귀찮으면 당장이라도 만나지 않는다. ☐
싫어하는 친구 이름을 적어 내라고 하면
혹시 내 이름이 많지 않을까 걱정된다. ☐
자주 하는 말 중에 "이건 너만 알고 있어."가 있다. ☐
적은 돈을 빌려 달라고 했다가 거절당한 적이 있다. ☐
가짜 상표를 진짜인 것처럼 뽐낸 적이 있다. ☐

▲ 5개 이하 :
괜찮다. 이 정도의 고민은 누구에게나 있다. 어쩌다 누가 뭐라고 하더라도 민감하게 반응할 필요는 없다.

▲ 6~12개 :
왕따 가능성이 살짝 엿보인다. 다소 이기적이고 주변에 관심이 없는 것이 문제다.

▲ 13~18개 :
자기는 잘 몰라도 은근히 왕따 취급을 받고 있다. 지금까지의 생활 방식을 바꿔야 한다.

▲ 19개 이상 :
이미 왕따. 친구가 없는 것에 그러려니 하지 말고, 지금이라도 적극적으로 노력해야 한다.

4부 나에겐 꿈이 있어요!

하고 싶은 것도, 되고 싶은 것도 많은 우리.
손꼽기가 힘들 만큼 꿈도 많아.
하지만 무엇 보다 행복한 어른이 되고 싶어.
그런데 어른들은 맘대로 내 미래를 강요해.
내가 하기 싫다고 말해도 꿈쩍도 안 해.
내가 하고 싶다고 말하는 건 듣지도 않아.
이러지도, 저러지도 못하는 우리에게
뱃살 공주는 어떤 조언을 해 줄까?
귀를 쫑긋 세우고 들어 볼래.

내가 일 등!

"오늘 체육 시간에는 축구를 할 테니까, 다들 운동장으로 집합!"
담임 선생님 말에 축구를 싫어하는 여자아이들은 구시렁거렸다. 그러나 민국이 얼굴은 반짝반짝 빛이 났다.
"얏호! 축구래, 축구!"
민국이는 소리를 지르며 누구보다 먼저 운동장으로 뛰어나갔다.
"옆 반과 축구 시합을 할 거니까, 선수로 뛸 사람은 나오도록!"
알고 보니 축구 라이벌인 옆 반과 승부를 벌이는 거였다. 지난번 시합에서 민국이네 반이 2승, 옆 반이 1승을 했다. 그걸 갚겠다고 옆 반에서 선생님을 조른 모양이었다.
드디어 힘찬 호루라기 소리와 함께 시합이 시작되었다. 고만고만한 선수들 사이에서 단연 민국이가 돋보였다. 민국이는 공격부터 수비까지 모두 잘하는 축구의 달인으로 유명했다.
"조민국 파이팅! 축구의 달인, 조민국!"
"축구의 신, 조민국! 한 골 더 넣어라!"
여자아이들도 민국이의 활약에 신이 나 어느새 소리 높여 응원을 했다. 으쓱해진 민국이는 브이 자를 그리며 더욱 힘껏 뛰었다.

결국 민국이네 반이 3대 1로 승리했다. 그중 민국이가 넣은 골만 2개였다. 나머지 한 골도 들어갈 수 있게 민국이가 도움을 줬으니, 민국이야말로 오늘의 MVP감이었다.

"이겼다, 이겼다. 우리 반이 또 이겼다!"

민국이네 반 아이들은 방방 뛰며 환호성을 질렀다.

"에잇, 조민국! 다음에 다시 붙자!"

"다음엔 우리 반이 꼭 이길 거야!"

옆 반 선수들이 이렇게 소리를 질렀다.

"어림없는 소리! 이 조민국이 있는 한, 그렇게는 안 될걸?"

민국이는 옆 반 선수들에게 메롱 혀를 내밀었다. 그런데 그때 옆 반 여자아이들이 투덜거리는 말이 민국이 귀에 들렸다.

"쳇, 축구만 잘하면 뭘 해? 공부는 완전 꼴찌라며?"

"응. 돌머리인가 봐. 쪽지 시험도 거의 빵점이래."

순간 민국이는 얼굴이 화끈거렸다. 승리의 기쁨은 썰물처럼 사라지고, 어디론가 빨리 숨고 싶은 기분이 들었다.

민국이는 터덜터덜 집으로 돌아갔다. 마침 집 앞에서 엄마와 이웃집 아주머니가 이야기를 나누고 있었다. 엄마를 부르려고 하는 순간, 민국이는 또 한 방 얻어맞은 기분이 들었다.

"그런데 민국이는 축구는 잘하는데, 공부는 영 그렇다며? 축구도 중요하지만, 성적도 신경 써야지. 안 그래, 민국이 엄마?"
이웃집 아주머니 말에 엄마 얼굴이 새빨개지는 걸 본 민국이는 마음이 아팠다. 자기 때문에 엄마가 이런 소리를 듣게 될 줄은 정말 꿈에도 몰랐다.

민국이는 발길을 돌려 학교 운동장으로 다시 돌아갔다. 날이 어둑해지도록 멍하니 놀이터 그네에 앉아 있었다. 퇴근하려다 민국이를 발견한 뱃살 공주가 반가운 표정으로 다가왔다.

"어머, 민국아. 오늘은 왜 이렇게 기운이 없니?"

뱃살 공주를 쳐다본 민국이가 땅이 꺼져라 한숨을 쉬더니, 맥이 빠진 목소리로 오늘 있었던 일을 말했다. 그런데 이야기를 모두 들은 뱃살 공주는 생긋 웃었다.

"어어, 선생님! 저는 심각한데, 선생님은 왜 웃으세요?"

민국이가 볼멘소리로 따졌다.

"네가 너무 귀여워서 그래. 민국아, 넌 나중에 뭐가 되고 싶니?"

"그거야 당연히 축구 선수죠!"

"그래. 넌 지금 다른 누구보다도 축구를 잘하잖아? 축구의 달인, 축구의 신 조민국이잖아? 게다가 선생님이 알기로는 머리가 좋아야 운동도 잘한다는데……. 민국아, 한번 생각해 봐! 너는 왜 네 성적이 형편없는 것 같니?"

"그건…, 공부를 열심히 안 해서……."

"그것 봐, 넌 벌써 답을 알고 있잖아? 넌 아직 진짜 축구 선수가 아니라 학생이니까 공부를 하는 것도 중요하단다. 내일부터는 축구를 세 시간 하면, 공부는 한 시간이라도 하는 게 어떨까? 그러고 나서 불평해야지, 안 그래?"

맞는 말이었다. 머쓱해진 민국이는 머리를 긁적이며 뱃살 공주를 향해 슬쩍 웃었다.

도와줘요 뱃살 공주!

사과가 익어가는 상담소

축구도 잡고, 공부도 잡고!

저는 커서 축구 선수가 되고 싶거든요. 그러면 축구만 잘하면 되잖아요? 그런데 애들이 공부 꼴찌라고 놀려서 창피해요.

그래도 너에게는 축구 선수가 되고 싶다는 확실한 꿈이 있잖니? 게다가 소질도 있고. 생각보다 많은 아이들이 커서 뭐가 되고 싶은지, 자기가 무엇을 잘하는지 잘 모른단다.

…그런가요?

그렇지만 정말 뛰어난 운동선수들도 부상당해서 운동을 그만두게 되는 경우도 있어. 그럴 때 운동 말고는 할 줄 아는 게 없다면 정말 곤란하겠지? 뒤늦게 공부를 시작해서 잘되는 사람들도 간혹 있지만, 그건 정말 쉽지 않은 일이거든. 네가 그렇게 된다면 어떨 것 같니?

아, 맞아요. 저는 축구 선수가 될 생각만 했지, 다른 건 하나도 생각하지 못했어요.

네 꿈인 축구 선수가 되기 위해 열심히 운동을 하면서 학교 공부도 게을리하지 마. 그게 다 나중에 너에게 큰 힘이 될 거야. 사실 학교 공부도 날마다 꾸준히 하면 그렇게 힘들거나 어렵지 않단다.

꼴찌도 성공할 수 있어

공부에서 꼴찌라고, 인생에서도 무조건 꼴찌가 되는 것은 아니야. 열심히 노력하면 얼마든지 달라질 수 있어. 무조건 안 된다고 생각하지 말고 최선을 다해 봐.

노는 건 일 등, 공부는 꼴찌!

어릴 때 내내 놀기만 했던 박서원 빅앤트인터내셔널 대표. 고등학교 때 성적은 반 53명 중 50등. 공부는 재미없어서 하나도 안 하고 노는 것만 일 등이었대. 하지만 외국 유학 중 흥미를 갖게 되어 시작한 광고 일로 지금은 외국에서도 알아주는 유명한 광고인이 되었어. 박서원의 성공 비결은 바로 '미치라.' 는 것. 무엇에든 미칠 정도로 빠져들면 반드시 성공할 수 있대.

박서원

오로지 축구만 했던 변호사

이중재

이중재는 영어 알파벳도 모르던 축구 선수에서 독학으로 4년 만에 변호사가 된 대단한 사람이야. 이중재는 대학도 축구로 갔지만 다리 부상으로 축구 선수를 그만두게 된 뒤, 인생이 무너지는 것 같은 좌절을 겪었지. 그래도 포기할 수 없다는 생각에 공부를 시작해 변호사 자격증까지 땄단다. 이중재가 얘기하는 공부의 비결은 "무조건 암기가 아니라 원리를 깨치는 것"이래.

'사'자 이름표

"우리 민호는 커서 뭐가 되고 싶니?"

오랜만에 놀러온 고모가 민호에게 물었다.

"음…, 저, 저는 있잖아요……."

민호가 제대로 대답을 하기도 전에 엄마가 말을 가로챘다.

"민호는 판사나 변호사가 될 거예요. 아빠처럼 의사가 되는 것도 좋지만, 너무 힘든 일이라서 난 시키고 싶지 않아요. 매일 수술에 강의에…, 돈 버는 것도 좋지만 수술을 열 시간씩 하고 나서 스트레스 받고 힘들어하는 애 아빠를 보면 정말 안쓰러워요."

민호의 얼굴이 시무룩해졌다. 민호는 의사도, 판사도, 변호사도 되기 싫었다. 사실 민호의 꿈은 따로 있었다. 그런데도 엄마는 늘 민호에게 판사나 변호사처럼 무조건 '사' 자로 끝나는 직업을 가져야 한다고 말했다. 그래야 나중에 돈도 잘 벌고, 명예도 얻고, 잘살 수 있다고 말이다.

하지만 민호는 두꺼운 안경을 끼고 두툼한 법전을 읽는 모습을 상상할 때마다 숨이 턱 막혔다. 게다가 재판은 또 어떻고! 매일 범죄자들을 대하며 사건을 요모조모 따지는 법률가들을 생각하면 밥 먹다가도 체할 지경이었다.

그런 민호의 마음을 아는지 모르는지 엄마는 민호 얼굴을 볼 때마다 늘 변호사가 되라고 노래를 불렀다.

'칫, 엄마도 공부 못했으면서! 난 매일 공부만 하라고…….'

엄마는 민호의 하루 스케줄을 엄청 빡빡하게 짜 놓았다. 엄마가 짠 스케줄 표는 말 그대로 '월화수목금금금'이었다. 주말도 없었고, 친구들과 놀 시간도 없었다. 그나마 친구의 생일 파티마저 안 가면 왕따가 된다며 친구 생일만 놀다 오라고 했다. 민호는 이런 엄마가 답답했지만, 어디다 하소연할 데도 없었다.

아빠 역시 마찬가지였다. 며칠 전 저녁을 먹다가 우연히 민호의 장래 직업 얘기가 나오자, 아빠는 자신의 뒤를 이어 의사가 되었으면 좋겠다고 했다.

엄마에게 못한 자신의 꿈 얘기를 아빠에게 하고 싶었던 민호는 무

거운 돌덩이로 한 대 얻어맞은 것 같았다. 민호는 부모님에게 자신의 꿈 이야기를 해 봤자 무시당할 게 뻔하다고 생각했다. 그렇지만 자신이 하고 싶은 일을 포기하고 싶지도 않았다.

'내 인생을 엄마나 아빠가 대신 살아주는 건 아니잖아?'

민호는 꿈을 이루기 위해서는 부모님 몰래 무언가 해야 한다고 생각했다. 그렇지만 월요일부터 일요일까지 공부를 하는 것만도 힘에 겨웠다. 시험 성적이 조금만 떨어져도 불호령이 떨어졌다. 따라가기도 힘든 중학교 공부도 미리 해야 했다.

학원 시험에서 죽을 쑨 날, 민호는 집에 들어가기 싫어서 거리를 쏘다녔다. 한참을 돌아다니다 힘들어서 주저앉고 보니 바로 학교 앞이었다. 갑자기 뱃살 공주의 얼굴이 떠올랐다.

"어머, 민호야. 웬일이니? 얼른 여기 앉아."

늦은 시간 보건실에 찾아온 민호를 뱃살 공주는 반갑게 맞았다. 뱃살 공주는 배고파 보이는 민호에게 맛있는 간식거리를 내주었다. 그때, 불쑥 민호 입에서 말이 튀어나왔다.

"선생님, 저는 의사도 싫고, 판사도 싫고, 변호사도 다 싫어요! 제 인생은 제 것이잖아요? 부모님 마음대로 하는 게 아니잖아요!

저는 사실 가수가 되고 싶은데, 부모님한테 말씀조차 못 드리겠어요. 전 너무 불행한 거 같아요. 정말 끔찍해요."

민호는 주룩주룩 눈물을 흘렸다. 뱃살 공주는 화장지를 꺼내서 민호의 손에 쥐어 주고는 다시 묵묵히 듣기만 했다.

"오늘 제가 여기 왜 온 줄 아세요? 학원 시험

을 봤는데 형편없었어요. 사실 저는 엄마, 아빠 기대처럼 공부를 잘 하지 못해요. 아무리 노력해도 다른 아이들을 못 따라가요. 저는 공부에 흥미도 없고요, 시험 문제 몇 개 더 맞춘다고 해도 하나도 기쁘지 않아요!

그런데도 엄마는 조금이라도 시험을 망치면 저를 벌레 보듯 하시고…, 아빠도 마찬가지시고……. 선생님, 전 어떻게 해야 할지 모르겠어요."

엄마, 나에게는 내 꿈이 있어요!

가수가 꿈인 민호. 그러나 민호 부모님은 '사' 자 직업을 갖기를 바라고 있어. 하지만 민호는 의사, 변호사, 판사를 떠올리기만 해도 몸에 두드러기가 돋을 정도. 전혀 원하지 않는 직업을 갖기를 바라는 부모님 때문에 민호는 스트레스로 폭발할 지경이야. 이럴 땐 어떡하지? 누구 말이 정답일까?

사실 꼭 누구 말만 옳다고 보기는 어려워. 민호가 나중에 자신의 꿈처럼 가수가 될 수도 있지만, 되고 싶은 꿈이 크면서 달라질 수도 있거든. 하지만 당장 자신의 꿈과 재능을 제쳐 두고 다른 길로 가는 것 역시 힘들고 괴로운 일이지. 민호의 삶은 민호 것이니까. 그러면 어떡해야 할까?

★ 재능 알아보기

일단 적성 검사, 지능 검사 등을 통해 자신에게 어떤 재능이 있는지 알아보고, 직업 체험을 위한 정보를 수집해 보는 것이 중요해. 지금 대충 꿈꾸는 직업과 진짜 그 직업을 가지는 것은 많은 차이가 있을 수도 있거든. 그러니까 직업 체험 캠프 등을 통해서 여러 가지 다양한 직업들을 살펴보고 내가 잘할 수 있는 일, 내가 꼭 하고 싶은 일을 찾는 게 중요해.

★ 부모님과 충분히 대화하기

부모님이 어렵고 무섭더라도 자신의 꿈이 무엇인지 부모님께 잘 말씀드려야 해. 혹시 자신의 꿈과 부모님이 바라는 직업이 다르더라도 뜻이 강하다면 부모님도 무조건 반대만 하지는 않으실 거야. 오히려 무조건 부모님의 바람을 무시하고 반항만 한다면 자신의 꿈과는 점점 멀어질 수밖에 없어.

★ 꿈을 위해 노력하기

자신이 원하는 꿈을 이루기 위해 한발 다가가려면 끊임없이 노력해야 해. 아직 멀리 있는 꿈만 바라보고 지금 아무것도 하지 않는다면 부모님도 속상해하실 거야. 내 꿈을 이루기 위해 필요한 것과 배워야 하는 것을 준비하면서 공부도 열심히 해야 해. 처음부터 둘 다 완벽하게 하기는 힘들 거야. 그래도 꾸준히 노력하는 모습을 보인다면, 분명히 부모님도 내가 원하는 꿈을 이룰 수 있도록 도와주시고 응원해 주실 거야.

부서진 바이올린

윤아네 집에 낯선 아저씨들이 들이닥쳤다. 아저씨들은 집 안 여기저기를 돌아다니며 물건마다 빨간 딱지를 붙였다. 냉장고, 텔레비전, 피아노, 소파며 침대까지 온통 빨간 딱지를 붙이는 바람에 집 안에 빨간 괴물이 나온 것만 같았다. 아저씨들은 윤아가 안고 있는 바이올린에도 빨간 딱지를 붙이려고 했다. 윤아는 울면서 소리쳤다.

"안 돼요! 이건 제 거예요!"

엄마가 윤아를 감싸 안으며 말했다.

"이건 정말 몇 푼 안 하는 거예요. 그냥 좀 봐주시면 안 돼요?"
아저씨들은 머쓱한지 머리를 긁적이더니 그냥 돌아섰다.
"윤아야, 정말 미안해. 아빠 사업이 그만 부도가 났다는구나. 아마 곧 이사도 가야할 거야."
그러고 보니 얼마 전부터 아빠가 집에 돌아오지 않았다. 엄마는 밤마다 걱정스런 표정으로 여기저기 전화 통화를 했다. 때때로 땅이 꺼질 것처럼 한숨을 쉬기도 했다.
'아빠 사업이 망하다니! 이제 우리 집은 어떻게 될까?'
윤아도 걱정이 태산 같았다.
그 뒤에 벌어진 일은 더 악몽 같았다. 윤아네는 대궐 같았던 집을 팔고, 어느 집의 지하 단칸방으로 이사했다. 아빠는 어디 있는지 몇 달째 집에 들어오지 않았다.

엄마는 틈틈이 일자리를 구하러 다녔다. 하지만 잘 안 되는 눈치였다. 밤마다 뒤척이며 한숨을 쉬는 걸 윤아도 알았다. 엄마 얼굴은 항상 어두웠다. 덩달아 윤아 얼굴에도 그늘이 졌다. 몇 달 사이에 너무 많은 것이 달라졌다.

기분이 울적했던 윤아가 바이올린을 켜고 있으니, 문밖에서 노크 소리가 들렸다. 집주인 아주머니였다.

"여기가 혼자만 사는 집도 아니고, 그런 걸 켜고 있으면 어떻게 해? 옆방 정씨 아저씨가 시끄러워서 잠을 못 잔대잖아! 여러 사람 같이

사는 데서는 조용히해야지!"

윤아는 서러워서 눈물이 났다. 전에 살던 집에는 아빠가 윤아 방에 방음 장치를 해 주어서 아무 때나 맘껏 바이올린을 켜도 괜찮았다. 바이올리니스트가 꿈인 윤아는 기쁠 때나 슬플 때나 바이올린을 켜는 게 유일한 즐거움이었다. 그런데 이제는 그런 것도 사치였다. 윤아는 침대에 엎드려 펑펑 눈물을 쏟아 냈다.

켜지도 못하는 바이올린은 애물단지가 됐다. 윤아는 바이올린을 볼 때마다 행복했던 지난날이 떠올라서 슬펐다. 그리고 지금의 상황이 견딜 수 없이 싫었다.

엊그제 윤아는 같이 바이올린을 배우던 친구들을 우연히 길에서 만났다. 윤아는 괜히 가슴이 콩닥거리고 낯이 붉어졌다. 잘못한 것도 없이 죄인이 된 것 같았다. 지은이가 윤아를 보자마자 물었다.

"너희 집 망했다며? 그래서 이사 갔다고 소문났던데 진짜야? 어디로 이사 간 거야?"

윤아가 아무 대답도 못하자, 이번에는 다영이가 말했다.

"이번 일요일에 생일 파티 할 건데 올 수 있어? 아참, 바이올린 하는 애들만 초대한 건데……. 넌 그만뒀으니까 좀 그렇네."

아이들은 윤아의 눈치를 살살 보며 놀리는 것 같았다.

그때 들었던 말들이 생각난 윤아는 화가 치밀었다. 윤아는 바이올린을 들어 침대 모서리에 내리쳤다. 바이올린 몸통이 박살났다.

그 순간 정신이 번쩍 든 윤아는 바이올린을 처음 살 때 기억이 떠올랐다. 그리고 바이올린에 빨간 딱지를 붙이지 않으려고 아저씨들에게 울먹이던 기억도 났다. 눈물이 솟구쳤다.

다음 날, 학교에 간 윤아는 선생님에게 아프다고 말하고 보건실로 향했다. 뱃살 공주의 모습을 보는 순간 또 눈물이 나왔다. 놀란 뱃살 공주가 윤아를 안고 토닥였다.

"선생님, 이제 전 어떡해야 돼요?"

울먹이며 윤아가 물었다. 윤아는 그동안 있었던 일들을 뱃살 공주에게 모두 말했다. 윤아가 스스로 바이올린을 부쉈다는 말을 할 때 뱃살 공주는 윤아를 더욱 꼭 끌어안아 주었다. 바이올리니스트가 되고 싶어 했던 윤아의 꿈을 잘 알기 때문이었다.

"윤아야, 이제부터는 울지 말고 강해지자. 너는 무엇이든 할 수 있어. 지금은 아주 무섭고 불행하다고 생각하겠지. 하지만 살다 보면 흐린 날도, 궂은 날도 있지만 좋은 날이 더 많단다."

뱃살 공주는 윤아의 머리를 천천히 쓰다듬어 주며 다정한 목소리로 말했다.

뱃살 공주에게 모든 걸 털어놓은 윤아는 왠지 기분이 홀가분해졌다. 그래서 배시시 웃었다.

"어어, 윤아야……. 울다가 웃으면 어디에 털 난다는데!"

그 농담에 풋 웃음이 터진 윤아는 가슴 깊은 곳에서 새 희망이 솟는 걸 느꼈다.

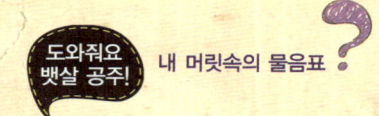

내 꿈을 이루기에는 우리 집이 너무 가난해요

지금 집안 형편이 가난하다고, 가정 환경이 어렵다고 꿈을 포기하는 것은 정말 어리석은 일이야. 힘들고 어려워도 꿈을 포기하지 않고 꾸준히 노력한다면, 언젠가 기회를 얻을 수 있어. 그럴 때는 미리 준비된 사람만이 좋은 기회를 잡을 수 있지.

가난한 집안 환경으로 꿈을 포기했던 허각이나 장재인 같은 가수도 뒤늦게 오디션 프로그램을 통해 가수로 데뷔하는 걸 봤지? 물론 두 사람 모두 그동안 어렵고 힘든 일도 굉장히 많았을 거야. 하지만 꿈을 이루기 위해 늘 노력했고, 드디어 찾아온 기회를 잡아서 그토록 원하던 가수가 된 거지.

슈퍼스타K 허각

슈퍼스타K 장재인

물론 누구든지 돈도 많고 가정 형편도 좋다면 자신이 바라는 꿈을 이루는 길이 조금 더 쉬울 수도 있을 거야. 부잣집에서 태어나 별다른 노력 없이 하고 싶은 일을 마음껏 하고 원하는 직업도 쉽게 얻는 사람들을 보면 부럽고 질투 나기도 하지.

하지만 너무 쉽게 모든 것을 얻은 사람들은 조금만 어렵거나 힘든 일이 닥쳐와도 그걸 이겨낼 힘이 약하단다.

반대로 자신의 힘으로 노력해서 성공한 사람은 어떤 고난을 만나도 견딜 수 있는 끈기와 힘이 있어. 그러니까 지금 상황이 좋지 않다고 해서 너무 쉽게 포기하지 말고 노력하렴. 그러면 언젠가는 멋지게 자신의 꿈을 꼭 이룰 수 있을 거야.

꿈은 반드시 이루어져!

『가난하다고 꿈조차 가난할 수는 없다』라는 책의 주인공으로 유명한 김현근은 어려운 가정 환경을 딛고 미국 프린스턴 대학교에 수시 특차 합격한 인물이야. 도대체 어떻게 이런 대단한 일을 해냈을까?

멈추지 않은 노력으로 이룬 꿈

IMF로 아버지가 다니던 직장을 잃고, 대신 집에서 살림만 하던 어머니가 나가 가족들의 생활비를 벌게 되면서 김현근은 하루하루 먹고사는 일을 걱정해야만 했어. 월수입 60만원으로 온 가족이 생활하기도 힘들었지만, 김현근은 어릴 때부터 가졌던 유학의 꿈을 결코 포기하지 않았어. 그래서 열심히 공부해서 한국 과학 영재 학교에 들어갔어. 하지만 수재들만 오는 영재 학교에서 본 첫 시험은 꼴등을 하고 말았어. 보통 사람 같으면 자신감을 잃고 방황했겠지만, 김현근은 좌절하지 않고 밤낮으로 공부해 우수한 성적을 얻었대.

그렇다고 해도 돈이 많이 드는 유학은 꿈도 꾸지 못할 상황이었지. 그때 김현근에게 좋은 기회가 찾아왔어. 2005년, 4년 간 2억 원을 지원해 주는 '삼성 이건희 해외 장학생'으로 선발되어서 미국의 프린스턴 대학교에 합격하게 된 거야.

만일 가난하다고 그냥 포기해 버렸다면 결코 꿈을 이룰 수 없었겠지? 정말 바라는 꿈이 있다면 먼저 네 실력을 갈고 닦아. 그러면 반드시 기회가 찾아올 거야.

가난을 극복하고 꿈을 이룬 김현근